Musikdrama oder Oper?

Eine Beleuchtung

der Bayreuther Bühnenfestspiele

von

Emil Naumann.

Berlin,

Verlag von Robert Oppenheim.

1876.

Der hier folgende Bericht, welcher im September 1876 zuerst in der National-Zeitung veröffentlicht ward, hatte die Folge, daß dem Autor von nah und fern der Wunsch ausgesprochen ward, seine Mittheilungen, die bis dahin in Absätzen und auf verschiedene Nummern eines großen Blattes vertheilt gedruckt worden, in der über- sichtlicheren und handlicheren Form einer Broschüre er- scheinen zu lassen. Der Verfasser kommt einem so viel- fachen und ihn hocherfreuenden Ersuchen hiermit nach, indem er seinen Bericht über den 3. Cyklus der Bay- reuther Bühnenfestspiele an dieser Stelle abermals, und nur durch wenige Anmerkungen unter dem Texte ergänzt, der Oeffentlichkeit übergiebt.

I.

Bayreuth, den 30. August 1876.

Soeben erst ließ sich eine Stimme über Richard Wag- ner's Bühnenfestspiele vernehmen, die der ethischen, ästheti- schen und dichterischen Bedeutung derselben gerecht ward. Mit der heutigen Besprechung werden das Tonleben und der Tonstoff, aus welchem sich des Dichtercomponisten ge-

1*

waltigstes Musikdrama aufbaut, in den Vordergrund treten.
Richard Wagner ist als Musiker eine zu originale und bedeu-
tende künstlerische Erscheinung, um seine Wirkungen nur
vornehm abzulehnen, und seine Persönlichkeit verdankt
ihre Entwickelung den Einflüssen zu verschiedener Geistes-
strömungen, um ihr Wesen einfach aus ihr selber erklären zu können. Die Arbeiten dieses Mannes wollen
vielmehr von einem über den Parteien befindlichen musik-
geschichtlichen Standpunkte beurtheilt sein, wenn wir der
Gefahr entgehen wollen, durch Antipathie oder Sym-
pathie, wie sie nun einmal Personen und menschlichen
Dingen gegenüber in Jedem von uns walten, in irgend
einer Weise über den Matador der modernen dramatischen Musik der Deutschen getäuscht zu werden. So
nur kann auch jenes, einer seltenen Energie seine Ent-
stehung verdankende und seinem Umfange nach gewal-
tigste dramatische Tonwerk, welches jemals auf einer
Bühne in Scene ging, in objectiver Weise gewürdigt
werden, da uns auch hier, wie mir wieder das mir
gestern zum ersten Male ertönende Vorspiel „Rheingold"
bewies, nur eine wenigstens flüchtige Hindeutung auf
die Tendenzen, aus denen vor drei Jahrhunderten die
Oper erwuchs, gerecht bleiben lassen wird. Unparteiisch
zu bleiben, erscheint im vorliegenden Falle aber um so
dringender geboten, als uns der Componist, wie er selber vielfach angedeutet hat, im „Ring des Nibelungen",
dieser in Tönen gesprochenen originalen Trilogie, sein
letztes Wort sagt und hier am entschiedensten seine künstlerischen Principien, sowie jenes so lange erwartete „Kunstwerk der Zukunft" verwirklicht, dem die gesammte musi-

kalische und kunstliebende Welt, auf das höchste durch zahllos wiederholte Ankündigungen erregt, mit so viel Interesse und einer von Jahr zu Jahr wachsenden Spannung entgegensah.

Was Wagner in unseren Tagen von der Oper fordert, hat man bereits vor 300 Jahren als die Aufgabe derselben hingestellt. Die frühesten Versuche einer dramatischen Musik wachsen nämlich (etwa vom Jahre 1580 an) aus dem Triebe empor, die damals fast ausschließlich im Dienste der Kirche stehende Tonkunst zu verweltlichen und dem Ausdrucke menschlicher Leidenschaften zugänglich zu machen. Die hierbei versuchte Anknüpfung an die Tragödie der Alten lag im Geiste des Zeitalters der Renaissance und verstärkte nur noch das Streben jener edlen Toskaner, die an der Wiege der Oper gestanden, das eigentliche Feld für musikalisch-dramatischen Ausdruck im Charakteristischen und Pathetischen zu suchen. So entstand in Florenz zunächst nicht etwa die Oper, sondern eine Kunstform, die ich nur mit dem Namen eines „Musikdrama" treffend glaube bezeichnen zu können, und zwar nicht nur darum, weil ihre Erfinder der Musik zunächst nur eine der Dichtung und dem Einzelworte sich unterordnende Rolle im Drama anwiesen, sondern weit mehr noch darum, weil diese Gattung, auch dem ihr innewohnenden rein musikalischen Gehalte nach, als die Mutter und Vorläuferin des Musikdramas Richard Wagner's anzusehen ist. Dies dürfte, bei der im Allgemeinen noch so wenig verbreiteten Kenntniß der Musikgeschichte, manchen unserer Leser, ja vielleicht selbst manchen fachmännischen Jünger Wagner's überraschen,

und doch sagte ich (natürlich immer mit Berücksichtigung
der verschiedenen Entwickelungsstabien der Musik im 16.
und 19. Jahrhundert) nicht zu viel. Denn die vor mehr
als einem Viertel-Jahrtausend auftretenden Wagnerianer
am Arno und der in unseren Tagen an der Ilm und
am rothen Main sich bethätigende Wagnerianismus glei=
chen sich nicht allein in ihren für die dramatische Musik
aufgestellten Grundsätzen, sie verfallen auch denselben
Irrthümern. Die Aehnlichkeit geht aber noch weiter;
auch damals hielten es die musikalischen Neuerer für
nothwendig, ihre Werke durch lange denselben vorge=
druckte Commentare oder in Flugschriften zu erläutern
und der Menge zugänglich zu machen, und wenn der
Wagnerianismus unserer Tage in der Aufhebung der
alten Opernformen und der an sie gebundenen geschlos=
senen Melodie zu Gunsten dramatischer Charakteristik den
Fortschritt seines Meisters preist, so sagt uns Caccini in
seinen vor 275 Jahren gedruckten Nuove musiche ganz
dasselbe, wenn er sich rühmt, daß er sich, der Stärke und
Wahrheit dramatischen Ausbrucks zu Liebe, in seinen
neuen Compositionen „einer gewissen edeln Verachtung
des Gesanges" befleißigt habe und aus demselben Grunde
auch Mißklänge nicht scheue. Die Bezeichnung Nuove
musiche erweist sich hier nur als ein anderer Name für
„Zukunftsmusik" und der leidenschaftlich geführte Feder=
krieg, der sich damals zwischen den Venetianern als Ver=
treter der Classizität, und den Florentinern, als den
Gegnern des contrapunktischen Styls, entzündete, sowie
die Theilnahme des damaligen aristokratischen Publikums
an der Frage über den Werth oder Unwerth der Com=

pofitionen eines Peri, Cavalieri und Cefti erinnern
lebhaft an die Stellung der mufikalifchen Parteien in
der Gegenwart. Auch jenem Princip Wagner's, einen
Ueberfchuß dramatifchen Lebens, der vom Sänger allein
nicht ausgefprochen werden kann, ins Orchefter zu legen
und dort bis in das einzelnfte auszumalen, begegnen
wir fchon in der oberitalienifchen Schule, befonders von
Monteverde an, der uns fagt, daß er in dem von ihm
erfundenen Tremolo der Streichinftrumente „den lange
gefuchten Ausdruck für Zorn, Haß und Verachtung ge-
funden." Und damit den Beziehungen zwifchen dem
Schöpfer des Lohengrin und den alten Florentinern auch
das Letzte nicht mangele, ift noch mitzutheilen, daß Lully,
der dritte der direkt vom Arno zu den Franzofen ent-
fandten Mufikapoftel der Toskaner, die Sänger und
Mimen, die bei feinen ernften Opern oder bei feinen
comédie-ballets mitzuwirken hatten, in eine ähnlich un-
nachfichtliche perfönliche Schule und Zucht nahm, und
diefelben, weil es ihm, wie Wagner, auf die prägnan-
teften dramatifchen Effecte ankam, in ähnlich minutiöfer
Weife im Einzelnen maßregelte und mit Proben über-
häufte, wie der Verkündiger des Kunftwerks der Zukunft.

Aus einem derartigen engen Zufammenhange der
Beftrebungen Richard Wagner's mit den Tendenzen der
früheften Begründer der Oper, deren Ziele ich an einem
anderen Orte noch weiter entwickelte*), erfehen wir nun
freilich, daß Wagner nicht etwa, wie gewiffe Adepten der

---

*) Italienifche Tondichter. Berlin 1876 im Verlag von R.
Oppenheim.

Partei der Welt verkündigen, der Schöpfer der von
ihm vertretenen Richtung ist, sondern daß dieselbe schon
dreimal vor ihm auftrat und auch damals die musikalische Welt, wie heute, in zwei Parteien spaltete, nämlich
anfänglich in Italien, dann im Kampfe der Buffonisten
und Antibuffonisten zu Paris und endlich während des
Kampfes der Gluckisten und Piccinisten ebendaselbst.
Andererseits jedoch lehrt uns die Musikgeschichte auch,
daß sich Richard Wagner bei seinem Drange, der dramatischen Wahrheit und Charakteristik alle anderen Be-
dingungen, auf denen eine Tondichtung beruht, zu opfern,
auf die ersten Anfänge des Musikdramas berufen kann
und wir erfahren zugleich, daß der Wagnerianismus
nichts Zufälliges, sondern vielmehr eine von den wieder-
holten Wirkungen eines verborgenen Entwickelungsgesetzes
der Tonkunst ist, welches derartige Erscheinungen, von
der Geburtsstunde der Oper an bis zum heutigen Tage,
immer wieder hervorrief, und zwar stets gerade in solchen Momenten hervorrief, wenn die Oper, in Folge
ihrer Verflachung durch ein Vorwalten der aller dramatischen Charakteristik aus dem Wege gehenden Melodisten,
ihrem Untergange zu verfallen begann, wie dies in den
Zeiten eines Paesiello, Jomelli und Salieri und später
wieder durch einen Rossini, Bellini und Donizetti zu geschehen schien. Jenen trat Gluck, diesen C. M. von Weber
entgegen. — Einer Wiederbelebung, wie durch die beiden
zuletzt genannten Meister, bedurfte nun aber die dramatische Tonkunst auch vor 25 Jahren, als Richard Wagner zuerst Aufsehen zu erregen begann. Die wirklichen
Talente waren damals entweder, wie Meyerbeer und

Halevy, einem auf Effect spekulirenden Eklektizismus verfallen, hatten sich überlebt, wie Spohr und Marschner,
oder waren, wie Mendelssohn und Robert Schumann,
an der Oper gescheitert; die musikalische Mittelmäßigkeit
dagegen machte sich in jenen Tagen in jenen so trefflich
mit dem Ausdruck „Kapellmeistermusik" bezeichneten
Machwerken breit, in denen die Routine und der Ge-
meinplatz an die Stelle wirklicher Erfindung und Er-
griffenheit trat. So war Wagner, der diesem geistlosen
Schlendrian gegenüber wieder in den eigenen Busen
griff und das, was als Selbstempfundenes in ihm lag,
in einer, mit der zur Schablone gewordenen Kunstform
scharf contrastirenden Weise aussprach, für die weitere
musikalisch-dramatische Entwickelung geradezu eine Nothwendigkeit geworden. Er gab der Oper für Schemen
und conventionelle Typen wieder Charakterköpfe. Nun
wäre freilich das Höchste, eine Verschmelzung der lediglich auf das Charakteristische ausgehenden Wagner'schen
monodischen Sprechmusik mit der gegliederten Kunstform
und dem Ensemble. Einen Mann jedoch wie Mozart,
in welchem sich das Trefflichste und Beste, was die Melodisten geleistet, mit dem Geistestiefsten und Charakter-
vollsten, was den musikalischen Dramatikern gelungen,
vermählt und der, indem er die Gegensätze verschmilzt,
zugleich noch weit über beide hinausgeht, pflegt unser
Geschlecht, wie uns in der Kunstgeschichte Erscheinungen
wie Raphael oder Shakespeare lehren, in jeder Kunst
nur einmal hervorzubringen. So ist es denn vielleicht
eine unabänderliche Nothwendigkeit, daß für die musikalische Welt im Großen und Ganzen jener Kampf zwi-

schen den Melodisten und der ausschließlich auf drama=
tische Charakteristik hinarbeitenden Schule immer wieder
beginne, damit keine der beiden Richtungen in Einseitig=
keit versinke und die eine in der andern stets wieder ihr
Correktiv finde. In dieser Weise erschaut, stellt sich aber
der Wagnerianismus als etwas aus der Musikgeschichte
organisch Hervorgewachsenes, nämlich als die letzte
äußerste Consequenz einer vor Jahrhunderten in der
Tonkunst begonnenen Geistesströmung dar, über die wir
uns daher ebenso wenig persönlich zu ereifern haben
wie über eine Naturerscheinung. Inwiefern freilich Wag=
ner die von ihm vertretenen künstlerischen Intentionen
durchführt oder bei den der Tonkunst gezogenen Grenzen
überhaupt durchzuführen vermag, ist eine andere Frage,
zu deren Klarlegung gerade eine Besprechung der hie=
sigen Bühnenfestspiele vorzugsweise mit beitragen dürfte.
Ehe ich diese beginnen konnte, waren aber die vorstehen=
den einleitenden Worte absolut nothwendig, wenn, bei
dem vielen über die Wagnerfrage aufgewirbelten Staub,
dem Leser ein objectives musikalisches Urtheil über die
Bayreuther Aufführungen ermöglicht werden sollte.
Gehen wir nun zu diesen selber über.

Bayreuth nahm bald nach meiner Ankunft eine an=
dere Physiognomie an, als ich sie Tags zuvor bemerkt.
Die Nacht vom Sonnabend auf Sonntag den 27. Au=
gust hatte den hochherzigen Protector des ganzen Unter=
nehmens, König Ludwig von Baiern, zum zweiten Mal
innerhalb weniger Tage nach der Hauptstadt Oberfran=
kens geführt. Dieselbe prangte aus diesem Grunde im
Schmucke zahlloser deutscher und baierischer Fahnen, und

die in festtäglicher Stimmung auf ihren alterthümlichen
Straßen und Plätzen dahinwandelnde Menge wuchs
noch mit den im Laufe des Tages ankommenden Bahn-
zügen, von denen jeder, wie ich aus meinen auf die
Station gehenden Fenstern ersehen konnte, einen neuen
Strom von Festgästen in die Stadt ergoß. In den
Gasthöfen zur Sonne und zum goldenen Anker trafen
sich viele Tonkünstler und unter diesen eine so große
Anzahl der nicht blind zur Partei schwörenden, daß es
mir fast erscheinen will, als wenn der Ring des Nibelungen diesmal seine Feuerprobe vor einem noch größe-
ren Parterre von ihrem eigenen Urtheile vertrauenden
Kapellmeistern, Musikdirectoren, gelehrten Musikern und
Concertmeistern zu bestehen haben werde, als bei den
früheren Aufführungen. Unter den Fachgenossen, deren
Anwesenheit zum 3. Cyklus mir bekannt geworden,
oder denen ich persönlich begegnete, nenne ich hier nur
die Kapellmeister Abt, Reiß, Schuch, Gernsheim und
Wüllner aus Braunschweig, Cassel, Dresden, Rotterdam
und München, die Musikdirectoren und Professoren
Hauser, Kretzschmer, Reinthaler, Hahn, Alsleben und
Soltans aus München, Dresden, Bremen, Berlin und
Mainz, die Concertmeister De Ahna und Lauterbach aus
Berlin und Dresden, die Tonkünstler Becker, Horn, Rieß,
St. Saens und Schubert aus Dresden, Leipzig und
Paris, und so wären noch viele andere gediegene oder
bekannte Namen anzuführen. Unter den zugereisten
Fremden und Deutschen waren die Amerikaner, Eng-
länder, Berliner, Münchner und Hanseaten in der Mehr-
zahl. In dem bis zur obersten Sitzreihe dichtgefüllten

Amphitheater des Wagner=Semper'schen Festbaues er=
schien kurz vor Beginn der Vorstellung noch Prinz
Georg von Preußen neben König Ludwig in der Für=
stenloge.

Da ich Handlung und Dichtung des Vorspiels
Rheingold als bekannt voraussetze, so gehe ich sogleich
auf die musikalischen Wirkungen desselben über. Zu=
nächst sei der Bedeutung und des Effectes gedacht, den
das nach Wagner's Angabe dem Zuhörer verdeckte Or=
chester hervorruft. Ich kann nicht leugnen, daß der erste
Eindruck, den ich mit dem Beginn der instrumentalen
Einleitung zu Rheingold davon erhielt, ein höchst wohl=
thuender war. Der Ton sowohl der einzelnen Instru=
mente und Gruppen wie des ganzen Orchesters er=
scheint gleichsam seiner materiellen Seite entkleidet, sowie
alles dessen, was sich nur als mechanisches und daher
unwesentliches Moment bei seiner Erzeugung geltend
macht, wie z. B. häufig ein zu hörbares Hervorstoßen
oder Ausströmen des Athems, eine zu vernehmbare
Friction des Bogens und der Saite, was im Ganzen
wiederum die Wirkung hat, daß den Blechbläsern ihr
Schmetterton, gewissen Holzbläsern ihre zu trockene
Schärfe, der Geige endlich und ihren Verwandten das,
was sich lediglich als Strich oder Ansatz bei ihnen be=
merkbar macht, genommen wird. So behält der Ton
gleichsam nur noch diejenigen Qualitäten, die man als
seine ideelle Seite zu bezeichnen berechtigt wäre. Doch
will ich gleich hinzufügen, daß im Allgemeinen die tie=
feren und mittleren Instrumente, daher die Bässe, Celli,
Bratschen, Hörner, Posaunen, Fagotte und tiefen Kla=

rinetten zu einer runderen und volltönenderen Wirkung
gelangen, als die hohen Bläser und namentlich die
Geigen, welche auf der E=Saite sowohl an ihrem Glanze,
wie an Deutlichkeit des Details bewegter Figuren und
Gänge Einbußen erleiden. Bedenkt man ferner, daß das
hiesige Wagner=Orchester über 100 Personen zählt, so
steht auch die Stärke und Macht desselben in keinem Ver=
hältniß zu der Anzahl der Mitwirkenden und es bleibt
daher noch sehr die Frage, ob eine ähnliche Einrichtung,
namentlich bei kleineren Bühnen, nachzuahmen wäre, um
so mehr, da Wagner, wie man nicht vergessen darf, die=
selbe auch pro domo eingeführt hat, indem ja, bei seiner
Compositionsweise von Wort zu Wort, eine zwiefach
höhere Verständlichkeit des Textes erfordert wird als in
anderen dramatischen Tondichtungen, die mehr auf einen
mit einer Melodie verbundenen ganzen Satz oder eine
ganze Periode ausgehen, und da endlich auch die Sänger
Wagner'scher Partien, bei der reichen und starken In=
strumentirung des Componisten und dem meist nur
deklamatorischen, nicht aber melodischen Umriß ihres Ge=
sanges, einer besonderen Dämpfung des machtvollen
Orchestertons bedürfen. Wenn nun trotz des bedeckten
Orchesters und trotzdem, daß hier alles unter Wag=
ner's eigenen Augen und unter seinem persönlichen Ein=
greifen einstudirt worden ist, dem geübten Hörer das
dritte gesungene Wort verloren geht, obwohl er pflicht=
gemäß vor jeder Aufführung den Text durchgelesen und
sich denselben auch im Einzelnen einzuprägen bemüht
gewesen, so giebt es keinen stärkeren Beweis für die Un=
durchführbarkeit des Prinzips des Meisters: die Musik

im Interesse der Ermöglichung eines Mufikdramas zur
Sklavin des Wortes herabzudrücken, als den zu Bay=
reuth gelieferten.*) Auch hier ist einmal wieder Wag=
ner's Princip Wagner's größter Feind, und sein ganz
ungewöhnliches Talent könnte nicht glänzender hervor=

---

*) Zugleich aber auch keinen überzeugenderen Beweis dafür,
daß hierdurch gerade das, was Wagner im Interesse der drama=
tischen Handlung am eifrigsten anstrebt: eine überall sich gleich=
bleibende Verständlichkeit des gesungenen Wortes nämlich — ver=
nichtet wird, da seine Kompositionsweise entschieden mehr dazu
dient, den Sinn der Worte zu verdunkeln, als hervortreten zu
laffen. Denn diese Mufik bindet, verlangsamt und übertönt das
gesungene Wort entweder durch eine in aushaltenden Akkorden sich
schwerfällig fortbewegende Bläserunterlage, oder belastet, hemmt
und verundeutlicht dasselbe durch unaufhörliche Tremolo's, eine
Anhäufung begleitender Gänge und Figuren und von allen Seiten
durcheinander sprechende Leitmotive. Wagner's Styl steht also
in dieser Beziehung entschieden hinter der von der Partei so ver=
unglimpften älteren Oper zurück, welche, mit ihrem meist unge=
bunden und lebendig dahin fließenden, sowie dem Sprechton sich
überhaupt weit mehr nähernden Recitativ, das nur in Momenten
ungewöhnlicher Erregung das Orchester mit in den Vordergrund
treten läßt, dem Hörer den gesungenen Text unendlich zugäng=
licher werden läßt, als dies das mufikalische Drama katexochen,
trotz seiner hohen Ansprüche nach dieser Seite hin, zu thun im
Stande ist. Laffen doch selbst die geschlossenen Kunstformen
der classischen Oper: z. B. die Arie, der Chor, das Duett, das
Terzett u. s. w., das gesungene Wort immerhin noch verständlicher
werden, als dies für gewöhnlich durch die vom Orchester halb zu=
gedeckte und auf steifem Kothurn nur langsam fortschreiten können de
mufikalische Rhetorik Wagner's geschieht, da in der Arie und in
formal abgerundeten Ensemblestücken, die Wiederholung derselben
wenigen Worte, bei der Wiederkehr der Themen und anderer
Theile der Kunstform, den Text in allen Fällen mehrmals in
seinen wesentlichsten Theilen hervortreten läßt und so endlich für
den Hörenden völlig verdeutlicht.

treten als dadurch, daß es sich, allen vom Tondichter
ihm selbst bereiteten Hemmnissen zum Trotz, noch so ge=
waltig, wie es im Ring des Nibelungen geschieht, zur
Geltung bringt.

Die erste Scene des Rheingold gehört mit zu denen,
an welchen der Musiker von Fach, ganz abgesehen von
allen höheren Absichten des Kunstwerks der Zukunft
und von dem, was damit erreicht werden soll, sich am
herzlichsten zu erfreuen vermag. Auch ein geist= und
talentvoller Meister, der nicht, wie Richard Wagner,
den geschlossenen Kunstformen den Scheidebrief geschrie=
ben, könnte die Scene zwischen den drei Rheintöchtern
und dem Zwerge Alberich componirt haben, denn sie ist
musikalisch rund, voller Fluß und ungekünsteltem Leben
und dabei von allen neckischen Grazien umspielt. Und
wenn wir auch den, hunderte von Tacten aushaltenden
Es dur-Dreiklang, über welchem sich das Orchester an=
fänglich entfaltet, als Decorationsmalerei bezeichnen
müssen, so war sie doch hier motivirt und es bleibt im
weiteren Verlauf genug Musik, die auch an und für sich
der musikalischen Anmuth und Bedeutung nicht entbehrt,
übrig, um uns in die wohligste, träumerischeste Stim=
mung zu versetzen. Selbst das weiterhin auftauchende
Motiv aus der, ebenfalls dem Wasser und den Nixen
gewidmeten Melusinen=Ouvertüre Mendelssohn's mindert
unser Behagen nicht, da wir wissen, daß Wagner reich
genug ist, um seine eigenen Motive zu erfinden und uns
eine bloße Jagd auf Reminiscenzen kleinlich dünkt.
Freilich möchten wir wünschen, daß der Meister in einer
gewissen Broschüre ebenso tolerant gegen Mendelssohn

gewesen wäre, wie er sich in dieser Beziehung in der
ersten Scene seines Rheingold erweist. Höchst wohl=
thuend wirkt darin auch der Drei=Gesang der Nixen, ich
meine die kleinen Ensemblesätzchen der weiblichen Stim=
men, an die sich der Hörer um so mehr zu halten hat,
als er später des Zusammenklangs von mehreren Stim=
men so gut wie fast ganz entbehren muß, und zwar
wiederum lediglich dem unbarmherzigen Principe des
Meisters zu Liebe, vor dessen Augen in dieser seiner
letzten Schöpfung nur Monologe und Dialoge (aber
nicht etwa Duette, sondern nur abwechselnde Stimmen,
wie im recitirenden Drama) noch Gnade finden; d. h.
eben eine Behandlung des Tonstoffes, aus der jener
schon oben von mir als „Sprechmusik" bezeichneter Styl
hervorgeht. — Auch der Uebergang dieser Scene aus
dem Lyrischen in das Dramatische ist trefflich. Zum
letzten Mal lassen die Nixen einen reizenden Dreigesang
in C-dur $^9/_8$ Takt ertönen, welchen die graziösesten und
mit Triolen untermischten 16tel Figuren der Geigen
wie mit den gefälligsten Arabesken schmücken und um=
fangen; da rast der Zwerg zu dämonischer Wuth, durch
die Verschmähung seiner den Rheintöchtern angetragenen
Liebe aufgestachelt, zu dem Fels empor, auf welchem das
Rheingold die grünen Fluthen durchleuchtet, die Mädchen
schreien laut auf, Nacht bedeckt plötzlich die Scene, und
zu den in Moll und in gewaltigem Fortissimo wieder=
kehrenden Gängen der vorhin so schmeichelnd rieselnden
Geigen, in die sich die Blasinstrumente mit Stimmen
rasenden Hasses und teuflischen Triumphes mischen, ver=
sinkt alles in die Tiefe.

Die in feierlichen und weihevollen Tönen sich ein=
leitende zweite Scene beginnt, entsprechend der auf einem
Felsgipfel in wachsendem Glanze leuchtenden Götterburg
und der Anwesenheit des zu ihren Füßen mit Fricka
ruhenden Götterkönigs Wotan, mit dem Walhallamotiv,
weich und würdevoll von Hörnern, Posaunen und an=
deren Blechbläsern vorgetragen. Das Motiv selber ist
schön, aber wie alle Leitmotive Wagner's, die sich beson=
ders in seinen letzten Arbeiten nur noch über zwei oder
drei Tacte zu erstrecken pflegen, mehr der bloße Ansatz
zu einem musikalischen Gedanken, als ein solcher selber,
also eigentlich nur ein Anfang, kein völlig ausgesproche=
nes musikalisches Thema. Wenn nun auch der Meister
solchen Motiven, durch wechselnde harmonische Unterlage,
sich ihnen bewegt zugesellende begleitende Gänge und
ein fortwährend sich veränderndes instrumentales Colorit
die Antheilnahme des Hörers lange zu erhalten vermag,
so überkommt diesen endlich dabei doch ein Gefühl
äußerster Monotonie, und da sich ihm zugleich die Ab=
sichtlichkeit des Componisten aufdrängt, ihn auf dies oder
jenes schon Angeklungene wieder und wieder hinzuweisen,
so tritt ihm, bei einem solchen mehr an seine Reflexion
als an sein Gefühl gerichteten Appell, das rein Aeußer=
liche, ja ich möchte fast sagen Mechanische solcher Hilfs=
mittel zuletzt in den Vordergrund. Es überkommt ihn
das Gefühl, als ob der Componist, weil er die Empfin=
dung und Stimmung einer Scene oder den Charakter
einer dramatischen Persönlichkeit nicht im Ganzen fest=
zuhalten vermöge, dazu schreite, seinen Personen und
Auftritten solche Devisen aufzukleben, während doch

Wagner in so vielen bedeutenden Scenen seines Tann=
häuser, Lohengrin und fliegenden Holländers bewiesen
hat, daß er auch ohne diese übertriebene Anwendung
eines Motivs, aus welchem sich in einem eigentlich musi=
kalischen Sinne nichts entwickelt, sondern das in sich
selber, trotz aller verschiedenen Beleuchtungen, in denen
es wiederkehrt, starr und ungelöst bleibt, auszukommen
vermag.*

*) Die Leitmotive müssen überhaupt als die bedenklichste Seite
der Wagner'schen Manier angesehen werden, da sie uns zu jenem
Kindeszeitalter der Kunst zurückführen, in welchem man Personen,
die man noch nicht von innen heraus zu charakterisiren verstand,
Worte und Zettel aus dem Munde gehen ließ, welche besagten, wer
dadurch vorgestellt werden sollte, wie wir dies auf etrurischen
Vasen oder in den frühesten Versuchen mittelalterlicher Malerei
erblicken. Solchen Zetteln und Aufschriften gleichen nun aber in
der Musik die Leitmotive, und tönen ihrer viele zusammen, so
wirkt auch dies, bei der Starrheit, in der sie im Uebrigen ver=
harren, nicht als eine künstlerische Durchführung, sondern höch=
stens etwa in der Weise von musikalischen Rebus, die der Hörer
lösen soll und die daher, gleich jenen Bilderräthseln, in denen
das Bild nur ein todtes Symbol, ein Zeichen für etwas anderes,
nichts aber für sich selbst bedeutet, weder Herz noch Gemüth zu
erwärmen vermögen. Gluck, Mozart und Beethoven bedurften
der Leitmotive nicht, da sie reich genug waren, den darzustellenden
Charakter in jedem der wechselnden Momente einer Scene und in
jeder veränderten dramatischen Situation, beiden entsprechend, neu
vor uns erstehen und sich entwickeln zu lassen. Nur eine solche
Handhabung der Charaktere gleicht in Wahrheit dem Verhalten
derselben im Leben, mit seiner Vielgestaltung und seinen Wand=
lungen, während das Aufnageln eines Charakters auf ein dürfti=
ges Leitmotiv aus der Person eine Puppe macht und nichts ist,
als die Remplacirung eines Leben athmenden Antlitzes durch eine
todte Maske. Wagner hat anderswo gezeigt, daß es auch ihm
nicht versagt ist, dramatische Charaktere aus dem Vollen und Gan=

Im Einzelnen ist auch in der zweiten Scene des Rheingold manches trefflich. So ist das Täppische, Plumpe, Zutappende und Unwirsche der auftretenden Riesen Fasolt und Fafner mit Humor, durch die rauhesten und tiefsten Töne umherpolternder und gleichsam stolpernder Bässe und tiefer Blechbläser gemalt. Noch geistvoller ist der Feuergott Loge gezeichnet. Die ihn wie in rastlosem Flackern umspielende bewegte Chromatik des Orchesters schildert trefflich den, dem freundlichen Scheine der Flamme, wie der geheuchelten Freundschaft des listigen Gottes innewohnenden Trug. — An ähnlichen durch ihre Prägnanz überraschend wirkenden Orchestermalereien fehlt es auch der 3. Scene nicht. Hier befinden wir uns in der unterirdischen Kluft des

---

zen zu schaffen; wenn nun trotzdem im Ringe des Nibelungen das Leitmotiv zur Leidenschaft bei ihm geworden ist, so zeigt dies nur, wohin eine falsche Richtung endlich in der Kunst zu führen vermag. Und nun denke man gar an die talentlosen Nachahmer und wie bequem es diesen durch das Leitmotiv gemacht worden, die Sache durch ein bloßes Zeichen, die durch diese oder jene Scene hervorgerufene unmittelbare künstlerische Eingebung des Augenblicks durch eine in Bereitschaft gehaltene Schablone zu ersetzen. Ja, durch eine Schablone, unter denen das Leitmotiv mit eine der wohlfeilsten und zugleich ein ehrlicher, breit geflochtener Zopf ist, nur in anderer Gestalt, als der in endlosen Coloraturen, Fioritalen und Ritornellen sich darstellende musikalische Zopf einer früheren Zeit. Und bei einem solchen Verhalten der Dinge wagen es diejenigen, die sich derartiger Nothbrücken bedienen, die geisterfülltesten Kunstformen als veraltete Traditionen zu bezeichnen. Glücklicher Weise richtet sich hier die Sache durch die darin verborgene Ironie selbst, ohne daß man irgend etwas hinzuzufügen hätte.

2*

furchtbaren Alberich, der mittelst des aus dem Rhein=
golde geschmiedeten Zauberrings das vor ihm zitternde
Volk der Zwerge knechtet, geißelt und in seine Dienste
zwingt. Sind C. M. von Weber und Mendelssohn die
Schöpfer der Elfen und Nixen in der Musik gewesen,
so erscheint Wagner in der 3. Scene des Rheingold als
der eigentliche musikalische Vater der Welt der Gnomen
und Kobolde, die er dort in jenem Sinne, wie sie die
deutsche Sage unseren Bergen eindichtet, in unübertreff=
licher Weise in Tönen darstellt. Die drastische Ton=
malerei des Orchesters verseßt uns hier gleichsam in die
Urzeit unseres Planeten, da noch Feuer, Wasser und
andere wilde Naturkräfte in seinem felsigen Kern ras'ten
und einander bekämpften, um sich endlich für die dich=
tende Phantasie unserer Voreltern zu Gestalten gleich
Alberich und Mime zu versinnbildlichen. Wie das
Knattern und Zerspringen spröden Gesteins in der Gluth
der sich befreien wollenden Flamme, wie der wildschäu=
mende Erguß siedender unterirdischer Fluthen, wie das
Geheul gequälter Kreaturen, die ein Dämon unter seine
Faust zwingt, tönt, zischt, jammert und hohnlacht es hier
aus der Tiefe, aus der Höhe und aus jeder Felsenspalte.
Aber auch das Possierliche, Groteske und Absonderliche,
das unserem deutschen Zwergenthume innewohnt, fehlt
dabei nicht. Der Gnome Mime, den der durch die Tarn=
kappe unsichtbare Alberich züchtigt, ist durchgängig mit
Humor gezeichnet, und selbst das Watscheln und die
abenteuerliche Behendigkeit der langen Arme und kurzen
Beine dieses Märchenvolkes malt die Musik mit fort=
während Ironie. Dies tritt besonders in der rüpel=

haften Grazie hervor, mit der sich Mime früherer besserer
Zeiten erinnert. Trotz aller Anerkennung jedoch, die wir
der hier nach der Seite des Charakteristischen hin ent=
wickelten Meisterschaft zollen, fragen wir uns zuletzt
wieder, ob solche Schilderungen, die doch der Darstellung
des rein Menschlichen, das uns allein rührt und erhebt,
sehr fern liegen, die Bestimmung der Kunst sind? In
dieser breiten Ausführung, die nicht blos als Episode,
sondern für sich selbst etwas bedeuten will, und mit dem
Aufgebote so kolossaler Mittel gewiß nicht. Welche In=
strumente, Stimmen und Tonfarben bleiben dem Orchester
noch im Dienste des dramatisch Erhabenen und Pathe=
tischen, wenn es sie alle schon an die Darstellung von
Bergkobolden verschwendet? Natürlich soll die Schilde=
rung solcher Elemente nicht ausgeschlossen sein; das Genie
aber thut bei solchen Gelegenheiten weit mehr mit
wenigen andeutenden Strichen, als das wenn auch große
Talent mit der ausgeführtesten Malerei, die endlich doch
(und zwar mit Sicherheit bei den vielen nur mittelmäßig
begabten Jüngern und Nachahmern, die ein originaler
Meister stets im Gefolge hat) in den unverhülltesten
Materialismus der Kunst umschlagen muß. Dies ist
selbst schon bei Wagner der Fall; denn was ist die Nach=
ahmung des an und für sich doch ganz unwesentlichen
Ziehens und Zerrens an den Stricken, mit denen Albe=
rich gebunden war, durch ein jedesmaliges kurz abge=
brochenes Reißen und Rutschen im Streichorchester anders,
als der Materialismus in der Kunst, sowie überdies
eine Malerei, bei welcher einem Lessing's Betrachtun=
gen über die Grenzen der Künste im Laokoon ein=

fallen.* — Die 4. Scene steigert sich, auch musikalisch schön, bis zu dem schließlichen Einzug der Götter über die

---

*) Einem gleichen Materialismus begegnen wir bei Wagner an hundert anderen Stellen. So z. B., wenn er in seinen Meistersingern die nächtliche Prügelei in den Straßen Nürnbergs bis zur völligen naturalistischen Nachahmung des Geschreies, das eine solche Scene begleitet, treibt, so daß wir eigentlich viel besser thäten, einem solchen Auflauf selber beizuwohnen, da wir dann auch noch die Püffe realiter empfangen und austheilen hören würden, die uns die Musik, beim besten Wollen, das Wagner hierzu mitbringt, doch nicht bis zur völligen Naturwahrheit zu versinnbildlichen vermag. Auch die so weit ausgesponnene Scene im Eingange des 3. Actes derselben Oper, welche jedes schmerzliche Zucken, das der geprügelte Beckmesser bei Bewegung seiner Glieder empfindet, mit der größten Ausführlichkeit und unter Ausschließung des Gesanges im Orchester malt, ist der Materialismus oder bestens die musikalische Pantomime in der Tonkunst, aber weder musikalische Dramatik, noch musikalischer Humor. In gleicher Weise materialistisch ist es, wenn bei König Heinrich's Worten im Lohengrin: „Beschirmte Städt' und Burgen ließ ich bauen", durch gewichtige Einsätze der Hörner und Fagotts das Bauen gemalt wird, im nächsten Satze dagegen: „den Heerbann übte ich zum Widerstand", eine Trompetenfanfare ertönt, um uns diesen Heerbann und seinen Widerstand recht handgreiflich zu illustriren. Trägt doch derartiges nicht nur das Gepräge des Kleinlichen, sondern erscheint auch wie auf ein Publikum von Kindern berechnet. Doppelt seltsam aber nimmt sich, einem solchen, bei einem Idealisten fast unglaublich erscheinenden materialistischen Gebahren gegenüber, ein gelegentlich ebenso unangebrachter Hyperidealismus aus, wie er in der oben erwähnten Rheingoldscene des Alberich mit den Zwergen in seiner inneren Unwahrheit besonders dann hervortritt, wenn sich die Schaar der von Alberich gezüchtigten Gnomen, selbst unter den Hieben der Geißel ihres Peinigers ganz stumm verhält, damit nur ja nicht Wagner's System, das keinen Chor duldet, verletzt werde. Und wenn dergleichen damit motivirt wird, daß ja auch im Leben die Menschen nicht gleichzeitig und in Masse dieselben Worte zu sagen pflegen, so darf

Regenbogenbrücke in die Thore Walhallas, und hier
wirkt es höchst wohlthuend (nach den langen ermüden=
den Declamationen, die wir in den Verhandlungen der
Götter mit Alberich und den Riesen wieder durchzu=
machen haben), daß abermals der Dreigesang der Rhein=
töchter ertönt und so Rheingold, und mit ihm den ersten
Abend, in einer für das Ohr erquickenden Weise beschließen
hilft. — Eins wird mir wieder gewiß: daß Wagner der
unbedingt größte musikalische Colorist unserer Tage ist
und könnte er sich, wie überhaupt, so auch hier mäßigen,
wo im rastlosen Wechsel eine brillante, blendende und
reiche Wirkung der instrumentalen Farben die andere
aufhebt, so würden wir ihm da, wo jetzt Erschöpfung
und Ermüdung eintritt, weit mehr reinen Genuß ver=
danken. Im Instrumentiren und besonders in der
charakteristischen Verwendung und geistvollen Mischung
seiner Klangfarben ist Wagner aber, wie gesagt, allen
Zeitgenossen so sehr überlegen, daß sie sämmtlich, Meister
wie Schüler, in dieser Beziehung (besonders wenn sie
sich dabei vor dem Uebermaß im Gebrauche reicher oder
contrastirender Mittel hüten) von ihm lernen können.

Der Beifall am ersten Abende war mäßiger, als
ich vorausgesetzt hatte. Die Sänger thaten alles, was
in ihren Kräften stand. Heinrich Vogel aus München,
als Loge, übertraf sich selbst, Woglinde, Wellgunde und
Floßhilde von Minna Lammert und Lilli und Marie

Wagner, falls er consequent sein will, auch keine Gesänge und
keine Verse auf die Bühne bringen, denn auch diese hören wir
von Personen, die in eine wirkliche Handlung verflochten sind, im
Leben weder vortragen, noch declamiren.

Lehmann gesungen, ließen nicht den leisesten Wunsch
übrig. Daß der treffliche Betz aus Berlin, als Wotan,
etwas matt und nicht in gewohnter Weise bei Stimme
war, schien nicht des Sängers Schuld zu sein, sondern
in körperlicher Indisposition seinen Grund zu haben.
Man darf auch nicht vergessen, daß die Wotanpartie die
anstrengendste im Ringe des Nibelungen ist, da sie an
drei einander unmittelbar folgenden Abenden in gleich
hervortretender Weise gesungen sein will. Da können
denn wohl selbst die Kräfte eines singenden Heros end=
lich versagen. Dazu kommt noch, daß dem Wotan,
wenigstens im Rheingold, dieselbe unglückselige Rolle zu=
fällt, die in Wagner's Opern seine Herrscher überhaupt,
seien sie Landgrafen, Könige oder, wie hier, Götterkönige,
zu spielen haben. Sie alle kommen aus einer gewissen
Passivität, sowie aus dem Reflectirenden und Lehrhaften,
das da, wo seine Dramen, wie in Bayreuth, in unver=
kürzten Darstellungen an uns vorüberziehen, eine oft
grauenhafte Breite in jener dem Meister eigenthümlichen
Sprechmusik gewinnt, nicht heraus, und so theilt sich
auch ihrem Sänger leicht eine gewisse Ermüdung mit.
Von großer Frische und köstlicher Charakteristik in Spiel
und Gesang waren dagegen Karl Hill aus Schwerin
und Schlosser aus München, als Alberich und Mime.
Das höchste und begeistertste Lob gebührt jedoch dem
Orchester, diesem Hauptträger der vom Meister gestellten
Riesenaufgabe. Da war nicht nur keine Ermattung zu
spüren, nicht nur alles — das Größte, wie das Kleinste
in gleicher Vollkommenheit hingestellt und mit ein und
derselben Liebe und Hingabe ausgeführt, sondern Wagner

hat auch niemals eine ihm treuer ergebene Schaar von
Künstlern um sich versammelt gesehen, als sie sein Bay=
reuther Orchester in sich schließt. Zudem dürfen die
Herren, wenn sie an die weite Entfernung des Wagner=
theaters von Bayreuth und an die sengenden Gluthtage
der früheren Cyklen zurückdenken, an deren Stelle jetzt
stürmische, eisige Regentage getreten sind, ausrufen, daß
jeder von ihnen, wie Tamino, für den Meister durch
Feuer und Wasser gegangen sei. Ich glaube nicht, daß
eine ähnliche Hingabe schon vielfach dagewesen.

II.

Bayreuth, den 31. August 1876.

Der Walküren=Abend ward durch ein Hoch des
Banquiers Fäustle auf König Ludwig, als den Beschützer
und Förderer der Kunst eingeleitet. Baierns jugend=
licher Monarch hatte seine Abneigung gegen laute
Ovationen und ein Erscheinen vor der Menge diesmal
so völlig überwunden, daß er sämmtlichen vier Vorstel=
lungen von der ersten bis zur letzten Note beiwohnte.
Alle Blicke — besonders die der Damen — wandten
sich daher in den Zwischenakten der Fürstenloge zu und
zwar um so mehr, da dort meist auch Wagner an der
Seite seines hohen Gönners erschien. Fürstengunst und
der Dank schöner Augen! — kein Troubadour hat mehr
erstrebt, und es kann mit einem Märtyrer der Kunst,
der beide besitzt, noch nicht ganz so trostlos bestellt sein,
wie man die Welt, trotz aller überschwänglichen Huldi=
gungen, die sie diesem Manne darbringt, aus angeborener
Unersättlichkeit immer wieder glauben machen möchte.

Denn daß diesem unserem Märtyrer neben der Gunst der Frauen und dem Beifall und der Unterstützung der Großen der Erde auch von Seiten der Menge der Lor=beer nicht vorenthalten werde (freilich je nach dem ver=schiedenen Standpunkte in einem bedingungslosen oder bedingten Sinne gemeint), sollte wieder einmal der heu=tige Abend lehren, an welchem sich der Beifall nach dem „Walkürenritt" zum lauten Jubel steigerte. Aber auch schon im ersten Act erfreute sich manches wahrhaft Schöne ungetheilter Zustimmung. Namentlich gehört der mit dem Eintritt der mondbeglänzten Zaubernacht beginnende Liebesdialog Siegmunds und Sieglindes hierher, obwohl auch an dieser Stelle die musikfeindliche Natur der Wagner'schen Behandlung des dramatischen Gesanges, sowie die seiner Principienreiterei tief innewohnende Pedanterie mitunter schlagend zu Tage tritt. — Was ist wohl natürlicher, als daß der Tondichter bei der Schilde=rung höchster Liebesgluth, wenn es in Wahrheit heißt: „zwei Herzen und ein Schlag", die Stimmen der Lieben=den sich vereinigen und so auch in einem musikalischen Sinne vermählen läßt. Aber Wagner sagt uns: bei Leibe nicht, damit wäre ja mein Princip, an die Stelle des Duettes den gesanglichen Dialog treten zu lassen, verletzt — und so dürfen beide Stimmen nicht mitein=ander gehen, obwohl hier alles zu ihrer musikalischen Verschmelzung treibt und drängt. Wer möchte da nicht ausrufen:

> „Grau, Freund, ist alle Theorie,
> Nur grün des Lebens goldner Baum,"

und zwar um so mehr, da durch ein solches Verfahren

auch das Tongedicht als musikalisches Drama, welches
letztere Wagner doch sonst überall voranstellt, beeinträch=
tigt und verletzt wird. Denn übertrifft die dramatische
Poesie die dramatische Tonkunst darin, daß sie im Ein=
zelnen auszuführen und zu sagen erlaubt, was die Musik,
die weder begrifflich noch sachlich zu sein vermag, nur
insofern Gefühl und Empfindung damit zu thun haben,
auszusprechen gestattet, während sie alles Uebrige höch=
stens andeuten kann, so ist es dagegen der Vorzug der
Oper vor dem recitirenden Drama, daß der Tondichter
verschiedene Empfindungen auf einem Platze gleich=
zeitig auszutönen vermag, der Dichter aber seine Per=
sonen nur abwechselnd, d. h. nacheinander reden lassen
kann. Wie wahr und hoch dramatisch aber das gleich=
zeitige Zusammentreffen verschiedener Personen in der=
selben oder in einer gegnerischen Empfindung sei, sagt
uns am überzeugendsten das Leben. Denn waren wir
jemals Zeugen irgend eines überraschenden, ergreifenden
Vorgangs, so mußten wir bemerken, daß sich die von
ihm ausgehenden Wirkungen, wie in uns, so auch in
allen dabei Betheiligten oder Anwesenden in ein und
demselben Momente spiegelten, wenn auch, je nach deren
verschiedener Natur, in jedem anders. Meist verrieth
sich ein solches gleichzeitiges Erzittern der Herzen und
Gemüther durch zusammentönende Ausrufe oder ein lei=
denschaftliches Durcheinanderreden Aller. Beides kann
die Poesie entweder überhaupt nicht, oder doch nur sehr
begrenzt, d. h. höchstens für die Dauer eines Momentes
gebrauchen; die Tonkunst aber erschuf daraus das dra=
matische Ensemble und in ihm eine Zusammendrängung

dramatiſchen Lebens in einen Brennpunkt, wie ihn die
Poeſie, der anders gearteten Natur derſelben entſpre=
chend, entbehren muß. Auf dieſen höchſten Vorzug der
Oper oder des Muſikdramas, auf dieſe, in Mozart am
herrlichſten aufbrechende letzte Blüthe einer dramatiſch=
muſikaliſchen Entwickelung von faſt zweihundert Jahren,
würden wir nun aber, wenn es nach Richard Wagner
ginge, verzichten müſſen, um zu jenen Anfängen drama=
tiſcher Tonkunſt, wie wir ſie bei den Toskanern finden,
wieder zurückzukehren. Daß es demungeachtet Wagner
auch für das Enſemble nicht an Talent mangelt, bewei=
ſen der 1. und 2. Act ſeines Tannhäuſers und in gleicher
Weiſe der ganze Lohengrin. Doch das ſind ja längſt
überwundene Standpunkte für dieſen, wenn ſeine An=
hänger Recht hätten, noch nicht dageweſenen Mann, der
im Widerſpruch mit allem, was uns die Kunſtgeſchichte
bis heute gelehrt, mit jedem neuen Werke das vorher=
gehende aufhebt.

Der zweite Aufzug der Walküre beginnt höchſt friſch
und lebendig mit den jauchzenden Ausrufen „Hojotoho,
Heiaha!“ Brünhildens, in meiſterlicher Dramatik dar=
geſtellt und noch ergreifender muſikaliſch aufgefaßt von
Amalie Materna aus Wien. Ein ſolcher Aufſchwung
hält aber nicht lange vor, denn die nun folgenden end=
loſen muſikaliſchen Geſpräche Wotan’s, zuerſt mit Fricka
und hierauf wieder mit Brünhilden, leiden, ungeachtet
einzelner ſich höher erhebenden Momente, an einer Breite
und Monotonie, deren Einerlei kein muſikaliſches Ohr
auf die Länge erträgt. Am ſchlimmſten iſt in dieſer
Beziehung wohl Wotan’s überflüſſige Erzählung aller

der Vorgänge, die wir im „Rheingold" bereits erlebten,
und Jemand machte daher im Zwischenact den Vorschlag
zur Güte: Wotan möge, im Interesse der Abkürzung
dieser Scene, Brünhilden einfach den Text zu „Rhein=
gold" kaufen. — Die Musik hebt sich wieder, als Brün=
hilde dem Siegmund sein nahes Ende verkündigt. Hier
tritt jedoch ein Leitmotiv in den Vordergrund, das so
tongetreu dem berühmten Rufe: „Julia!" im 2. Act der
Vestalin gleicht (und zwar nicht nur der melodischen Se=
quenz, die dieser Ruf darstellt, sondern nicht weniger
seiner charakteristischen harmonischen Unterlage), daß auch
der in dieser Beziehung Nachsichtigste stutzen muß. Um
so mehr, da eine solche Reminiscenz ja nicht allein steht,
sondern neben ihr, außer dem schon erwähnten Mendels=
sohn'schen Melusinenmotiv und vielem anderen Aehn=
lichen, ganz besonders auch der Eingang des bekannten
Gesanges der drei Wiedertäufer in Meyerbeer's Prophet,
sowie das Thema des Schumann'schen Peri=Chors:
„Hervor aus den Wassern des Nils", nebst seiner rie=
selnden Orchesterbegleitung, zu Leitmotiven verwandt
werden, so z. B. als Erinnerung an die Walküren und
den Walkürenritt u. s. w. — Leitmotive aber (voraus=
gesetzt, daß man sie überhaupt gelten lassen will) sollte
man vorsichtiger wählen, denn Jeder weiß, daß dieselben
nicht auf einer zufälligen Begegnung beruhen können,
sondern Sache der bedachten Auswahl, ja der Reflexion
sind, weshalb auch die Behauptung unzulässig sein würde,
daß dem Tondichter so weltbekannte Themen fremd ge=
blieben wären.

Das musikalisch Bedeutendste bringt unstreitig der

3. Act der Walküre. Gleich im erſten Auftritt deſſelben verſchmelzen ſich Dichtung, Scenerie und Muſik in bewundernswürdiger Weiſe. — Ueber wild durcheinander geworfene Felſen und Felstrümmer, die auf dem höchſten Gipfel eines hohen Gebirges emporzuragen ſcheinen, jagen finſtere, ſchwarze Wolkengeſchwader vor dem ſie treibenden Sturme her; Blitze zerreißen ſie und der Donner rollt durch ſie dahin; zwiſchen dem Geſtein aber und auf ſeinen Spitzen erblicken wir die jugendlichen Geſtalten behelmter und gewappneter Schlachtjungfrauen, die in die Ferne und in den Gewitterabend hinausſpähen, um die noch fehlenden und durch das Gewölk heranſprengenden Gefährtinnen, welche im Kampf gefallene Helden, über ihrer Roſſe Hals gelehnt, zu den Freuden Walhalla's emportragen, mit einem wildjubelnden „Hojotoho! Heiaha!" zu begrüßen. Hierzu ertönt, alles verbindend, der ſchon berühmt gewordene „Walkürenritt", eines der trefflichſten Tonſtücke in der ganzen Trilogie, das den Hörer durch ſeine, das wilde Reiten malende raſtloſe Bewegung im Streichorcheſter und die dazu erſchallenden kühnen Heer= und Kampfesrufe der Trompeten, Hörner und Poſaunen, wahrhaft erfriſcht und elektriſirt, beſonders, wenn er noch des ſtockenden Fortgangs des Töneſtroms zu den langen Monologen und Dialogen des 2. Actes eingedenk blieb. Packend und höchſt charakteriſtiſch wirkt auch in den Zurufen, mit denen die Walküren einander begrüßen, die wiederholte Anwendung der übermäßigen Quinte, dieſes wie Schwertesſchärfe einſchneidenden Intervalls, durch das hier die ungezähmte Naturkraft und die, in ihrer jugend=

lichen Reine noch herbe, kampfesfrohe Magdlichkeit, wie
sie sich die Phantasie unserer heidnischen Vorfahren in
den Schlachtjungfrauen versinnbildlichte, treffend gekenn=
zeichnet wird. Das Ganze aber — die Felsenlandschaft,
der Gewittersturm, die durch fliehende Wolken jauchzend
dahinsprengenden Walküren und Wagner's Musik —
packen uns mit jener erhaben=wilden Luft, die jeden von
uns wohl einmal ergriff, wenn er unter einem drohen=
den Himmel, im Kampfe mit Regen und Sturm und
durch jagende Nebel hindurch unverzagt über einsame
und verlassene Gebirgshöhen dahinschritt.

Von kaum geringerer Bedeutung, wie die große
Scene der Schlachtjungfrauen ist „Wotan's Abschied und
Feuerzauber", mit welchem das die Trilogie eröffnende
Musikdrama „Walküre" abschließt. Der anfängliche Zorn
Wotan's gegen die seinem Gebote ungehorsam gewesene
Lieblingstochter Brünhilde löst sich, bei der Erkenntniß
des Gottes, daß die Walküre nur aus Neigung für ihn,
den Vater, und für das auch von ihm allein hochgehal=
tene reine, hehre Heldenthum so handelte, wie sie mußte,
in eine zum Verzeihen geneigte Stimmung auf; und als
Brünhilde nun gar des Vaters Kniee umfaßt und den
Tod von seiner strafenden Hand der Schmach vorzieht,
dereinst, nach langem Zauberschlafe, dem ersten Besten
wehrlos zur Beute zu werden, wandelt sich der Unmuth
Wotan's in weiche, sehnende Wehmuth, die dem Kinde
gilt, von dem er nun doch, da ein Götterausspruch nicht
zurückzunehmen ist, für ewig scheiden muß. Aber nun
entzündet er der geliebten Tochter ein bräutliches Feuer,
durch das nur ein solcher Held hindurchdringen soll, der

Brünhildens werth ist. Beides nun — sowohl das
Lebewohl, welches Wotan, mit der Trauer eines, gleich
den Homer'schen Göttern dem Schicksale unterworfenen
Gottes der Tochter zuruft, wie die musikalische Schil=
derung des um die Ruhestätte der Schlafenden auf des
Götterkönigs Geheiß emporzüngelnden Feuers — sind
von ergreifender und rührender Wirkung. Und hier
tragen selbst die Glöckchen, die zu dem reizenden Feuer=
motiv leise anschlagen (obwohl sonst ein so frivol oder
oberflächlich wirkendes Mittel) mit zur Erhöhung der
weichen und unser Inneres verklärenden Stimmung bei,
die Wagner's Töne, in ihrer engen Verbindung mit der
scenischen Wirkung und dramatischen Situation in uns
hervorrufen. — Ich hoffe nach diesem ehrlichen Bekennt=
niß nicht mit unter das Verdict eines der jüngsten Schlag=
rabodo's der Partei zu fallen, der sich höchst unberufen in
ein, diese Scene behandelndes Gespräch zweier ernster Mu=
siker mit dem Ausruf einmischte: „Wer das nicht über=
irdisch findet, muß eine pechschwarze Seele haben!" —
Was die Leistungen der Mitwirkenden am zweiten Abend
angeht, so gebührt darunter Amalie Materna die Palme;
Spiel und Gesang standen bei der Künstlerin überall
auf gleicher Höhe, und es ist gewiß nur den übergroßen
Ansprüchen, die sie während dreier Cyklen an ihr Organ
machen mußte, zuzuschreiben, wenn sich dasselbe bei lei=
denschaftlichem Ausdruck in hoher Lage nicht frei von
jenem als Tremoliren bekannten Erzittern der Stimme
zeigte, welches nie Stärke, sondern immer nur Schwäche
verräth. Erfreulich war es ferner, daß eine so bedeu=
tende künstlerische Kraft und ein so durchgebildeter Sänger

wie Betz, in der Schlußscene der Walküre endlich auch
einmal einer etwas dankbareren Aufgabe gegenüberstand,
als dies sonst in der Rolle des Wotan der Fall ist.
Höchstes Lob endlich verdienen auch die neben Brünhilde
auftretenden anderen acht Walküren, die in so trefflicher
Besetzung (darunter Künstlerinnen wie Lilli Lehmann,
Luise Jaide und Johanna Wagner) Wirkungen er=
zielten, wie sie anderwärts, wo nicht die vorzüglichsten
dramatischen Sängerinnen aus allen Theilen Deutsch=
lands zusammenströmen, eben darum unmöglich sind.
Auch Niemann als Siegmund und Josephine Scheffzky
als Sieglinde erfüllten ihre Aufgabe in erfreulicher Weise.

Am dritten Tage der Bühnenfestspiele veränderte
das stürmische naßkalte Wetter seine menschenfeindliche
Laune keinen Augenblick und die nach dem ziemlich ent=
fernt von der Stadt gelegenen Theaterhügel hinaus=
pilgernden Schaaren schienen auf dem in einen Brei
aufgelösten Weg oft allen Boden unter den Füßen zu
verlieren. Doch will ich gleich hinzufügen, daß weder
hierdurch, noch durch das häufig ungastliche Gebahren
der Bayreuther, über das von allen Seiten Klagen laut
wurden, noch endlich auch durch den zeitweise fühlbar
eintretenden Mangel an Lebensmitteln eine angeregte,
heitere und selbst übermüthige Stimmung, die im Allge=
meinen unter den hier anwesenden Tausenden herrschte,
beeinträchtigt werden konnte. Besonders auch fehlte es
einer großen Schaar gesinnungsverwandter Musiker,
denen eine kindisch=blöde Vergötterung Wagner's ebenso
fern lag, wie ein Verkennen des vielen und ungewöhn=
lichen Schönen, was uns der Meister hier geboten, nicht

an der besten Laune, die am naivsten, wenn man sich bei Tafel wieder zusammenfand, hervorbrach. „Nehmen Sie sich in Acht" rief ein süddeutscher Kapellmeister zweien, die Wagnerfrage objectiv verhandelnden Collegen zu, „wir tafeln hier in Gesellschaft von Schoppenhauer und Stockhausen!" — Auch das „Fisch=Leitmotiv", das, bei nicht vorgenommenem Wechsel von Messern und Gabeln in das Hirschbratenthema hinüberspielte, sowie das zierliche „Messer der Zukunft", das auf ein noch zu erwartendes Dessert hindeutete, erregten, wie nicht weniger eine lange, in einem Kaffeegarten mit den Ketzern einbrechende „Zukunftsbank" oder der in vielerlei Gestalt genossene und empfohlene „Trank der Brangäne" und „Trank des Vergessens", die harmloseste Heiterkeit.

III.

Bayreuth, den 31. August 1876.

An dem Tage, der dem „Siegfried" galt, besuchte ich auch die, unter dem Protektorate König Ludwigs im sogenannten neuen Palais eröffnete Wagner=Ausstellung. Nichts konnte einen glänzenderen Begriff von der Wagner verliehenen poetischen Gestaltungskraft oder von der seinen Stoffen innewohnenden Idealität und der Fülle durch den Dichter geschaffenen dramatischen Charaktere und Situationen geben, als diese vier Zimmer füllende Ausstellung von Oelbildern, Aquarells, Cartons, Zeichnungen und Photographien nach Wagner's, bekanntlich sämmtlich von ihm selber gedichteten Opern und Musikdramen. Auch an Medaillons und auf den Meister geschlagenen Medaillen fehlte es hier nicht und von In=

tereffe war der Inhalt eines Riefenrahmens, der die
Photographien fämmtlicher Mitglieder des Wagneror=
chefters enthielt, die das im Centrum befindliche Bild
des Mannes umschloffen, dem sie so opferfreudig ihre
ganze Kraft und Zeit gewidmet.

Daß Siegfried die meisten Längen unter den vier
Musikdramen, aus denen sich der Ring des Nibelungen
aufbaut, enthält, ist zweifellos und herrschte hierüber
selbst unter der Menge nur eine Stimme. Die stark
ausgebildete musikalische Manier Wagner's, sowie die
Mängel und Eintönigkeit des von ihm auf dem Wege
der Reflexion geschaffenen Styls, welchen er in die dra=
matische Musik einführen möchte, treten nirgend pein=
licher und ermüdender auf, als hier. Was Wagner's
Manier angeht, so habe ich dieselbe bereits vor sechs
Jahren in Notenbeispielen gekennzeichnet und nachgewie=
sen, daß sie, trotz der verschiedenen Wandlungen im
Schaffen des Tondichters, über die uns die Eingeweihten
und Wissenden belehren, vom Rienzi bis zum Tristan
dieselbe geblieben ist.*) In solchem Uebermaße aber
hervortretend, wie im Ring des Nibelungen, dürfte sie
kaum sonst irgendwo im Wagner'schen Schaffen sich
wiederfinden. Die hier dem Componisten zur bloßen
Gewohnheit gewordene Ueberschwänglichkeit fast ununter=
brochen forttönender Nonen = und Undecimen=Akkorde,
seine Anhäufung musikalischer Würzen in der Gestalt
von verminderten und übermäßigen Intervallen und

---

*) Die Tonkunst in der Culturgeschichte. II. Halb=Band,
Berlin 1870, Behr's Verlagshandlung.

Fortschreitungen, der bei ihm unvermeidliche Doppel=
schlag, die, bei allem Haschen nach dramatischer Charak=
teristik, äußerst conventionellen Cadenzen, die er seinen
Sängern vorschreibt, die von ihm beliebte fast völlige
Aufhebung der die musikalische Gesundheit repräsentiren=
den Diatonik, zu Gunsten einer Chromatik, die, wenn sie
in dieser Weise zur Hauptsache wird, dem Ueberreizten
und Kranken Ausdruck leiht, sein rastloses Moduliren,
sein etübenhaftes Festhalten einer bloßen Begleitungsfigur
oder eines dürftigen Leitmotivs auf hunderte von Tacten
hinaus, stumpfen Empfindung und Gefühl des Hörers
zuletzt in einer Weise ab, die ihm das, wodurch Wagner,
als durch ein beständig Außerordentliches auf ihn wir=
ken will, eben dieser beständigen Anwendung halber end=
lich als ein ganz Indifferentes und Triviales erscheinen
läßt, auf das er weder mehr hinhört, noch hinzuhören
vermag. Im Publikum und zwischen den Musikern
(unter denen noch die Professoren Hey und Köstlin, die
Hofkapellmeister Herbert, Kücken, Labitzky, die Musik=
directoren Leßmann und Schäffer, H. Scholz und v. Kaul=
bars bemerkbar waren) ward daher auch an keinem der
vier Abende die brennende Frage des Tages so lebhaft
debattirt, wie an diesem dritten. Die Erhitzung der Ge=
müther ging selbst so weit, daß ich mich in die Lage ver=
setzt sah, mehreren mir befreundeten Vertretern der Classi=
cität gegenüber, die das Kind mit dem Bade ausschütten
wollten, Lanzen für Wagner zu brechen, während sich
mit den in der Wolle gefärbten eigentlichen Wagner=
ianern eine erfolgreiche Debatte, die ja nur unter An=
erkennung der persönlichen Freiheit des Einzelnen und

der Gleichberechtigung aller wirklichen Ueberzeugungen denkbar ist, überhaupt nicht führen ließ.

Gottlob gab es aber auch im Siegfried noch einen Punkt, in welchem sich die sonst getrenntesten Meinungen begegneten und fanden. Ich meine damit den Theil der Waldscene des 2. Actes, der das Gespräch Siegfrieds mit dem Waldvöglein enthält. Hier, wo Wagner seine abstracte Principienreiterei einmal zu Gunsten eines, von keiner Bläſſe des Gedankens mehr angekränkelten seligen Dichtens und Träumens in Tönen vergißt, blickt uns seine Musik mit tiefen, geheimnißvollen Märchenaugen an und wir versuchen uns vergeblich das Räthsel zu lösen, wie es zu geschehen vermag, daß ein solches Sich=vergessen, bei einem seit Jahren in gleicher Weise der Reflexion hingegebenen Manne überhaupt noch möglich ist. Ich kenne keinen zweiten Musiker unter den Leben=den, dem der Ton wahrhaftester und rührendster Naivetät in gleicher Weise zu Gebote stünde, oder der es über=haupt wagen dürfte, einen solchen Ton, ohne lächerlich zu werden, nur anzuschlagen, wie dies Wagner kraft der Eigenthümlichkeit seines Talentes vermag und darf. Man denke sich das geheimnißvolle lauschige Leben und Weben eines Sommertages im Walde, oder die duftige Kühle und das Spielen des durch die Wipfel uralter Bäume durchbrechenden Sonnenlichtes auf den Wellen und moo=sigen Ufern eines durch die tiefe Waldeinsamkeit rieseln=den Baches, wie sie uns Wagner in einer zweiten Pasto=ral=Symphonie schildert. Jung=Siegfried, unter einer breitästigen Linde hingestreckt, klagt, daß er so allein sei, weder Eltern und Geschwister, noch irgend eine Seele

auf dem weiten Erdenrunde sein nenne. Da ertönt hoch
in den Zweigen, von einer Klarinette vorgetragen und
mit anderen Holzbläsern abwechselnd, ein reizender Vogel=
gesang, den wir auch dann als einen solchen begrüßen
würden, wenn nicht das Böglein über den im Grase
liegenden Träumer hinwegflatterte, und dieser wunder=
liebliche Gesang, den ein leises Rauschen und Wehen des
Streichorchesters umfächelt und umspielt, bringt so gera=
den Wegs und unwiderstehlich zum Herzen, daß wir
Siegfrieds Ruf beim Lauschen auf den kleinen gefiederten
Sänger begreifen: „Verständ' ich sein süßes Stammeln!"
— Der Kampf mit dem Drachen unterbricht weiterhin
die Scene, der jedoch abermals ein träumend sinnend
Ruhen des jungen Sängers im Waldesschatten folgt.
Diesmal aber (da das Blut des Drachens seine Lippen
berührt hat) ist Siegfried die Sprache der Bögel ver=
ständlich geworden und demgemäß läßt nunmehr Lilli
Lehmann's weiche, wonnige Stimme jene lichten süßen
Klänge des Vogelmotivs aus der Höhe herabtönen, in
denen dem Helden lieblichster Rath ertheilt wird. —
Außer dieser Waldscene ist auch die erste Scene des ersten
Aufzuges von großer musikalischer Frische. Gegenüber
dem gewöhnlich zähen und stockenden Flusse der Wag=
ner'schen Compositionsweise, die nur selten überhaupt
irgend welchen Rhythmus zuläßt, thut die lebhaft fort=
strömende Bewegung im Orchester, die das frohe, hel=
denhafte und jugendathmende Wesen Siegfried's schil=
dert, höchst wohl und wirkt wie ein Strom frischein=
dringender Luft in eine stagnirende Atmosphäre. In
diese versinken wir leider wieder in der folgenden Scene.

zwischen Mime und dem Wanderer; sie ist die langwei=
ligste der ganzen Trilogie, ohne jegliches musikalisches
Interesse und ,dramatisch so völlig überflüssig, daß sie
einfach gestrichen werden könnte. In der dritten Scene,
da Siegfried sich selber sein Schwert schmiedet, hebt sich
die Musik wieder einigermaßen, indem sie über jene, nur
von seinem subjectivsten Belieben ihm . eingegebene und
dabei mosaikartig von Tact zu Tact sich fortschleppende
musikalische Recitation Wagner's, die selbst seine ein=
gefleischtesten Anhänger im Stillen zur Verzweiflung
bringt, zu etwas zusammenhängenderen Tonsätzen sich
hinaufsteigert. Unter diesen steht Siegfried's Schmiede=
lied obenan; aber nicht etwa weil ihm eine wirklich lied=
artige und dabei charakteristische Melodie eigen ist, an
der es im Gegentheil völlig fehlt, sondern weil hier das
Orchester in geistvoller Weise auszusprechen versucht, was
uns der Gesang schuldig bleibt. Eine Wagner'sche Par=
titur läßt sich überhaupt einem Tongebäude vergleichen,
dessen sämmtliche Stockwerke und stattlich zu nennenden
Räume das Orchester bewohnt, während die Singstimmen
in den Keller oder unter das Dach verwiesen werden,
und so verhält sichs auch in Siegfried's Schmiedelied.
Und hier drängt sich uns unwillkürlich die Frage auf:
Warum muß bei Meyerbeer Verbrechen sein, was bei
Wagner als genial gepriesen wird? Gegen das Getöse
und die Orchestermalerei, unter denen Siegfried das
Schwert Nothung zerspellt, in der Herdgluth schmilzt, zu
Stangen schweißt, diese unter Nachhülfe eines riesigen
Blasebalgs glüht und endlich auf dem Ambos hämmert,
ist doch jener, vom Wagnerianismus perhorrescirte kleine

Feuerstein in Meyerbeer's Propheten, dem ein Licht=
anschlagender im Tacte der Musik Funken entlockt, nur
ein bescheidener Versuch! Aber das ist eben das Cha=
rakteristische einer jeden extremen Partei, daß sie mit
zweierlei Maß mißt. Jedenfalls haben wir es beiderseits
wieder mit dem Materialismus in der Kunst zu thun,
welchem auch die mehr realistische, an Puppentheater und
Guckkasten erinnernde Scene mit dem Drachen fröhnt,
welcher letztere nicht nur auf der Bühne in ganzer Ge=
stalt erscheint, kämpft und singt, sondern selbst reflectirt,
z. B. wenn er sterbend zu sich selbst sagt:

> „Wer reizte des Kindes Muth
> Zu der mordlichen That?"

Ein singender und reflectirender Drache! — Man ver=
schone uns mit einem Vergleich dieses Ungeheuers mit
der harmlosen Schlange in der Zauberflöte, die weder
Reden zu halten hat, noch überhaupt eine Rolle zu=
ertheilt erhält, sondern lediglich als nothwendiges Re=
quisit einen Moment lang im Hintergrunde sichtbar
wird. — Das Beste, was der 3. Act enthält, ist die
große Liebesscene zwischen Siegfried und der von ihm
erweckten Brünhilde. Der Tondichter verschuldet es je=
doch selber, wenn sie nicht mehr so wirkt, wie sie unter
anderen Verhältnissen wirken würde, da er uns in den
vorhergehenden Scenen (zwischen Wanderer und Erda
und Wanderer und Siegfried) durch musikalische Ein=
öden von so quälender Länge führt, daß sich der Hörer,
wie ein Uebermüdeter, jeder Genußfähigkeit beraubt fühlt.
Ich will trotzdem bemerken, daß Brünhilden's Erwachen
zu neuem Leben und ihre feierlich=frohe Begrüßung der

Sonne und Erde einen hohen Aufschwung nimmt und zum Schönsten und Erhabensten gehört, was je aus Wagner's Feder geflossen. Wagner vergißt hier, Gottlob, seine unglückselige Sprechmusik überhaupt so sehr, daß sich, seinem Princip entgegen, die Stimmen der Liebenden schließlich sogar vereinigen. Die Wirkung aber eines solchen einfachen Zusammenklanges, nach fast sechs Stunden musikalischer Declamation und Rhetorik, genügte, um die Menge wenigstens schließlich aus ihrer bedenklich gewordenen Gleichgültigkeit zu wecken und wieder zu elektrisiren. Dergleichen müßte doch Wagner und den Seinen zu denken geben!*)

Unter den Mitwirkenden dieses Abends standen Karl Schlosser aus München, als Zwerg Mime, und Amalie Materna, als Brünhilde, obenan. Schlosser bot uns, trotz der unendlichen Schwierigkeiten seiner nur auf das Charakteristische und Abnorme gehenden Rolle, eine im Gesang und Spiel gleich unübertreffliche Meisterleistung. Dasselbe ist von der idealen Personificirung Brünhilden's durch Amalie Materna zu sagen. Herr Unger, als Siegfried hatte zwar die erforderliche Hünengestalt und zeigte überdies viel guten Willen, wir hätten

---

*) Es ist überhaupt immer nur das, was an die vorwagner'sche Oper erinnert, wodurch Wagner's Talent sich Freunde gewonnen hat und populär geworden ist. Man entferne solche, dem Style anderer Opern gleichende Stücke und Sätze aus seinen Partituren, oder ersetze sie durch die gewöhnliche musikalisch-declamatorische Rhetorik des Componisten, und Wagner's sämmtliche Musikdramen, vom Tannhäuser angefangen bis zur Götterdämmerung, werden völlig unaufführbar sein.

aber zuweilen einen weniger hünenhaften Vortrag seiner noch sehr der Schulung bedürftigen Stimme gewünscht.

IV.

Bayreuth, 31. August 1876.

Der letzte Abend der denkwürdigen Bayreuther Ver= suche, einen neuen dramatisch=musikalischen Styl für Deutschland zu begründen (Mittwoch am 30. August 1876), eröffnete mit einer jener Improvisationen eines Unbe= rufenen, wie sie ein Aufsehen erregender bedeutender Mensch, ohne seine Schuld, unter den Unmündigen her= vorzurufen pflegt. Ein in den mittleren Reihen des amphitheatralisch hochauffteigenden Zuschauerraumes be= findlicher Bankdirector (man sagte aus Hamburg) brachte vor Beginn der Vorstellung auf eigene Hand ein, Wagner und König Ludwig gemeinsam geltendes Hoch aus, dessen Wendung: „die Lampen dieses Saales werden verlöschen, aber die Lampe, die uns Richard Wagner angezündet, wird fortleuchten, wenn wir alle nicht mehr sind", berechtigte Heiterkeit erregte. Die hinter der Scene im Wagnerstyl feierlich ertönenden Posaunen und Trom= peten, welche hier, statt der anderswo üblichen Anfangs= zeichen, den Beginn der Acte verkündigen, versetzten uns glücklicher Weise rasch wieder in die gesammelte und dem Alltagsleben entrückte Stimmung, die der Dichter= componist heute mehr wie jemals von uns zu fordern ein Recht hatte.

Der Gesang der drei Schicksals=Nornen, mit welchem das Vorspiel zur „Götterdämmerung" eröffnet, enthält, besonders in der Erzählung, welche die von Johanna

Wagner vertretene erste Norne anhebt, ernst und groß
gedachte Momente in der Musik. Noch höher steigert
sich der das Vorspiel beschließende Abschied zwischen
Siegfried und Brünhilde, der besonders in seiner zweiten
Hälfte voller Schwung und Leidenschaft ist. Wir haben
hier wieder einmal einen jener seltenen Momente vor
uns, in denen Wagner's mächtiger künstlerischer Instinkt
ihn über sich selbst und sein in der Theorie verkündigtes
Schema eines alleinseligmachenden dramatisch=musikalischen
Styls hinwegreißt. Von dem Es-dur-Eintritt, vor dem
Ausruf: „O wäre Brünhild deine Seele", steigert sich
der Dialog zu einem feurigen und heroischen Liebes=
duett, bei dem Wagner schließlich ebensowenig dem Zu=
sammenklange beider Stimmen und selbst Imitationen
derselben aus dem Wege geht, als uns die verschiedenen
Leitmotive, die auch hier noch verwendet werden, zu
stören vermögen, weil sie eben von dem bewegt dahin=
fließenden Strome der Töne mit ergriffen werden und
in ihm untergehen, so daß das Mühsame und Absicht=
liche, das ihnen sonst anhaftet, den natürlichen Fluß der
Musik zerstückt und den Hörer erkältet, hier einmal für
unser Empfinden verschwindet. Noch erquicklicher wird
ein solch ungehemmtes Dahinströmen der Töne in dem
unmittelbar sich anschließenden Orchestersatz, welcher vom
Vorspiel zu dem eigentlichen Drama hinüberleitet. Beim
Einsatze von Siegfried's Horn=Motiv in der Höhe (F-dur
³/₄ Tact) gestaltet sich dieses orchestrale Intermezzo, was
organischen musikalischen Zusammenhang angeht, fast in
der Weise eines gewaltigen Ausschnittes aus einem
symphonischen Allegro. Und nun frage sich Jeder, wie

wohl ihm hierbei geworden und wie sehr er sich über=
zeugen mußte, daß der Mufit, als einer lediglich in der
Zeit sich manifestirenden Kunst, strömende Bewegung
das Lebenselement ist, in welchem sie auf die Länge
allein zu athmen und zu gedeihen vermag, gleichviel ob
sie sich Drama oder Oper nennt, als Herrin oder Die=
nerin auftrete, oder endlich mit mehreren Künsten zu
gemeinsamem Wirken verbinde. Die Scene in der Halle
der Gibichungen am Rhein trübte leider unsere kurze
Freude bald, da nunmehr (wenige bessere Momente aus=
genommen) wieder jene bandwurmartig von Glied zu
Glied (hier von wenigen Tacten zu wenigen Tacten)
sich fortwindende Sprechmusik beginnt, welcher der Ge=
sang nichts ist und deren mühsam, im Wechsel von
Tremolo's des Streichorchesters, aushaltenden Akkorden
der Bläser und bereits bis zum Ueberdruß gehörten
Leitmotiven sich weiterspinnender Orchestersatz endlich
jenes Gefühl eines völligen Stockens und Versiegens
alles wirklichen musikalischen Lebens in uns hervorruft,
dessen sich auch der unbefangenste Hörer nicht zu er=
wehren vermag. Relativ von größerem musikalischen
Interesse ist die Scene zwischen der von Luise Jaide
trefflich gegebenen Waltraute und Brünhilde. Der ihr
folgende, nicht nur für den Aesthetiker, sondern für jedes
gesund und rein gebliebene natürliche Gefühl peinliche
Auftritt möge in seinem Dunkel bleiben, da er sich
musikalisch in keiner Weise über seine Umgebung erhebt.
Ich beschränke mich daher auf einen Protest dagegen,
daß die Jllustrirung solcher, wider alle dramatischen
Forderungen und dichterische Verantwortlichkeit streitenden

Scenen zu den Aufgaben gehören solle, die sich eine
nationale Tonkunst der Deutschen künftighin zu stellen
haben werde. Die naturfrohen und die Minne feiernden
Dichter unseres alten herrlichen Nibelungenliedes, denen
also gewiß keine Prüderie vorzuwerfen ist, haben uns
gezeigt, wie diese Scene, wenn sie tragisch bleiben und
wirken soll, behandelt werden mußte. Jedenfalls ziehen
wir den Siegfried unseres nationalen Epos, der Herr
seiner Handlungen und im Besitz eines reinen Gewissens
bleibt, dem, durch die bekannten Liebestränke Wagner's
zum willenlosen Schemen herabgewürdigten Siegfried
vor, welchem wir in des Dichtercomponisten Trilogie
begegnen.

Der zweite Aufzug der „Götterdämmerung" läßt
ein anmuthendes musikalisches Leben erst von dem Auf=
tritt Hagen's mit den Mannen an gewahren. Der hier
zum erstenmal, nach zwei Vorspielen und acht Acten, die
während vier Abenden spielten, auftretende Chor und
die sich in diesem Auftritt mit einer Fülle von Gestalten
bevölkernde Bühne ließen uns recht fühlen, was wir
bisher an dramatischen Wirkungen dieser Gattung ent=
behrt hatten. Nicht weniger erfreuend und erfrischend
wirkte es, daß der Männerchor, welcher den zu Schiffe
mit seiner Braut anlangenden König Gunther begrüßt,
ohne Umschweife mit den vom Wagnerianismus sonst so
geschmähten einfachen Grundpfeilern alles Tonlebens:
mit Tonica und Dominante einsetzt. Mir fiel dabei das
Beethoven zugeschriebene Wort ein, daß Händel mit To=
nica und Dominante oft mehr ausrichte, als die Neueren
mit allen verminderten und übermäßigen Akkorden.

Wenigstens liefert Wagner für die Unentbehrlichkeit des
Einfachsten und Natürlichsten in der Musik an dieser
Stelle selber einen sprechenden Beweis; freilich hat er
uns durch sein unablässiges Moduliren bereits vorher so
mürbe gemacht, daß die feste Basis, auf welche wir durch
jene beiden Grundakkorde hier endlich einmal wieder ge=
stellt werden, schon durch diese ihre Bestimmtheit allein
befriedigend wirkt, obwohl sich kein hervorragender mu=
sikalischer Gedanke damit verbindet.

Am höchsten vielleicht in der ganzen Trilogie gipfelt
sich Wagner's musikalisch=dramatisches Talent im dritten
Aufzug der Götterdämmerung, dem letzten der vier Fest=
abende. Hier tauchen, nach einer viel verheißenden Or=
chestereinleitung, gleich beim Aufgang des Vorhangs die
Töchter des Rheins, die wir seit dem Vorspiel Rhein=
gold nicht wiedergesehen, aus dem Schilfe des Stromes
auf, der zwischen seinen Felsenufern in mächtiger Breite
dahinfließt. Ihr Dreigesang: „Frau Sonne sendet lichte
Strahlen" ist nicht nur von einer entzückenden Anmuth,
sondern auch ein reizend abgerundetes Terzett und wir
haben sofort die Ueberzeugung, daß Wasserfeen nur so
und nicht anders singen können. So vergessen wir denn
die Scheinwelt der Bühne und glauben den süßesten
Traum zu träumen. Jedenfalls stehen wir hier dem in
seiner Art Vollkommenen gegenüber, da selbst die stark
chromatisch gefärbten reizenden Sequenzen in Stimmen
und Orchester mit zur Erhöhung jener weichen, halb
wehmuthsvollen, halb phantastisch=landschaftlichen Stim=
mung beitragen, in die uns der Tondichter in einem
jener glücklichen Momente naiven Schaffens versetzt, wie

sie ihn, ihm selber zum Trotz, zuweilen überkommen.
Gerade aber solche süße, schmeichelnde Wehmuth ist das
lyrische Element, welches die, hier dicht vor der tragi-
schen Katastrophe stehende dramatische Handlung allein
noch zuließ. Alles, was nun noch folgt, bildet eigentlich (wenn vieles darunter auch noch unendlich an Schön-
heit durch eine abgerundetere Form gewinnen würde)
eine fortlaufende Kette von Bedeutendem. So das Gespräch Siegfried's mit den ihn vergeblich warnenden
Rheintöchtern, die Scene der sich lagernden Jagdgenossen
(unter denen Günther und Hagen trefflich durch Gura
und Kögel vertreten waren), die musikalisch wie dramatisch höchst wirksame Erzählung Siegfried's unmittelbar
vor seinem Ende, der Trauermarsch, unter dessen Klängen
Siegfried's Leiche weggetragen wird, sowie endlich Brünhilden's Schwanengesang, mit dem die ganze Trilogie
schwungvoll abschließt.

Der Beifall, der diesem Ende folgte, war ein stür-
mischer, auch König Ludwig betheiligte sich lebhaft daran,
es regnete Kränze und Blumen und man beruhigte sich
nicht eher, als bis der Mann, dessen erstaunliche musikalische und dichterische Gestaltungskraft uns seit vier
Abenden in seine Kreise gebannt hatte, persönlich auf der
Bühne erschien. Wenn wir nun aber Herz und Gemüth des Gefeierten von einem Gefühl frohen gerührten
Dankes und überwallender Freude und Liebe erfüllt
glaubten, wie dies so natürlich und wohlthuend mensch-
lich gewesen, so hatten wir uns getäuscht. Der Dank,
den Wagner dem überfüllten Hause spendete, erwähnte
König Ludwig als seines Wohlthäters, trug aber im

Uebrigen den Charafter einer bloßen Formalität; in die Danksagung dagegen, die den opferfreudigen Künst=lern galt, die dem Meister das Gelingen seines Werkes allein ermöglicht, und deren Schaar, auf einen Wink Wagner's, den Augen des Publikums hinter der sich theilenden Gardine sichtbar ward, mischte sich eine so un=erwartete Gereiztheit und Bitterkeit gegen Diejenigen, die dem Bayreuther Unternehmen als Zweifler, Gegner oder Neutrale gegenüberstanden, wie sie uns in einem solchen Momente wehe für den Mann that, der im Grunde doch mehr von seiner Mitwelt, von Fürsten, hingebenden Freunden und Enthusiasten gefeiert und in den Himmel erhoben worden ist, als jemals irgend einer seiner großen Vorgänger in der Tonkunst. Weder Gluck, Mozart, noch Beethoven sind von ihrer Mitwelt solche Opfer. gebracht und solche Ovationen gespendet worden, wie sie Wagner hier und anderswo seit Jahren dargebracht wurden*).

---

*) Man hat den genannten großen Meistern weder besondere nur auf ihre Werke berechnete Theater gebaut, noch ihrem Ruhm durch Patronatsscheine unter die Arme gegriffen, noch endlich ihnen für eine neue Oper vierzig und mehr Proben bewilligt, wie dies in Berlin und anderswo Wagner gegenüber geschehen. Die Partei verschone uns daher künftighin mit dem, schon oben von uns als verbraucht erwähnten Märtyrerantlitz des von seiner Mit=welt unverstandenen und gemißhandelten Künstlers. Wagner wird vielmehr von der letzteren in der Gegenwart in ähnlicher Weise überschätzt, wie Rossini (der darum doch auch ein hoch=bedeutendes Talent blieb) zu seiner Zeit. Man kann daher auch behaupten, daß augenblicklich nicht mehr die unbeding=ten Wagnerianer eine auserwählte kleine Schaar und jene Ge=meinde der Zukunft bilden, von der so oft die Rede war, sondern daß diese vielmehr durch eine Minorität dargestellt wird, welche die Blindheit ihrer Zeit nicht theilt.

Alle Huldigungen scheinen jedoch dem Meister nur als
ein Tribut zu gelten, den man ihm unbedingt schuldet,
denn sonst bliebe es unerklärt, daß er in einem Augen=
blick, da er ein lang erstrebtes Ziel erreicht und seine
kühnsten Wünsche gekrönt sah, von einer Erregung gegen
alle nicht blinden Verehrer und einer Intoleranz gegen
jede freie Meinungsäußerung erfüllt war, wie sie selbst
in dem allgemein bemerkten zornigen Stampfen des
rechten Fußes, mit dem er den letzten Theil seiner Rede
begleitete, nur allzu sichtbar ward. Auch wir gehören
gewiß mit zu denen, die eine Behandlung Wagner's und
seiner künstlerischen Bedeutung en bagatelle, oder eine
Kritik, die nur Spott und Hohn für ihn hat, verwerfen
und weit von sich weisen. Aber leichte Papierkugeln des
Witzes oder jene zum Theil doch auch völlig harmlosen
Späße, die sich der Humor von jeher gerade dem Pathos
gegenüber erlaubt hat, als Majestätsverbrechen anzu=
sehen, ist ebenso schwerfällig, wie leider auch eitel.
Wenn freilich Wagner selber die ihm nicht genehmen
Ueberzeugungen Anderer so kennzeichnet, wie es ge=
schehen, und persönlich in der geschilderten Art zum
Kampfe gegen dieselben auffordert, dann darf man sich
über die Ausschreitungen der Jüngsten seiner Jünger
nicht mehr wundern. Jedenfalls verliert der Dichter=
componist unter diesen Verhältnissen die Berechtigung zu
dem Wunsche: daß ihn Gott vor seinen Freunden be=
wahren möge; geht er ihnen doch selbst mit dem schlimm=
sten Beispiel voran. Und doch verdiente ein Talent von
seiner großen Bedeutung intelligentere Vertheidiger, als
sie ihm unter denjenigen seiner Trabanten zur Seite

stehen, deren auch in Bayreuth wieder mehrfach sich be=
merklich machendes Auftreten nur mit einem bekannten
Studentenausdruck hinreichend gekennzeichnet zu werden
vermag.

Aber auch diese Seite des Wagnerianismus faßt man
am besten rein objectiv auf, da sie, nicht weniger als
der letztere selber, eine aus der Zeit, in der wir leben,
hervorgewachsene Erscheinung ist. Sind beide doch nur
Auswüchse eines Zeitalters des Epigonenthums, wie ein
solches bisher nach jeder Epoche einer classischen Kunst=
blüthe gefolgt ist. Charakteristisch aber für die Epigonen
aller Zeiten ist die maßlose Ueberschätzung der unter
ihnen auftauchenden Talente, auf Kosten der ihnen vor=
angegangenen Heroen der Kunst, sowie der Fanatismus
der sich um jene Talente schaarenden Anhänger derselben.
Gebärdeten sich die Vertreter der extremen Richtungen
in der Kunst nicht extrem, so würden sie eben das zu
sein aufhören, was sie sind! Und hierzu kommt nun
noch, daß Wagner ausdrücklich die Reine und Idealität
seiner Kunstbestrebungen betont. Er hat sie in ein
System gebracht, das, wenn man ihm die Grundlagen
desselben erst einmal zugegeben, durch seine Consequenz
zu imponiren fähig ist; und während Meyerbeer oft ein
schlechtes musikalisches Gewissen hatte und für seine
musikalischen Ausschreitungen kaum eine gewisse Toleranz
zu beanspruchen wagte, ist Wagner von einem wahren
Feuereifer für sein musikalisches Glaubensbekenntniß
durchdrungen, das bei ihm eine Sache innerster Ueber=
zeugung geworden ist, für die er lebt und stirbt. Ein
solcher felsenfester Glaube an die eigene Persönlichkeit

oder an die von derselben vertretene Idee hat aber zu allen Zeiten und in allen Geistesgebieten denjenigen, die von demselben ergriffen waren, eine dämonische Gewalt über Andere verliehen; mochten die Principien, um die es sich dabei handelte, falsch, nur theilweise richtig oder wahr sein. Am bedenklichsten in ihrer Wirkung haben sich hierbei stets diejenigen Systeme erwiesen, die, um mit Goethe zu reden: „viel Irrthum und ein Fünkchen Wahrheit" enthielten, und diesen gegenüber ist auch die Jugend, von der noch keine reifere Durchbildung zu fordern ist und die sich für alles, was auch nur den Schein des Rechtes für sich hat, begeistert, stets am verführbarsten, am leichtesten zu täuschen oder am wehrlosesten gewesen.

Erinnern wir uns daher lieber, jenen typisch gewordenen langhaarigen Gestalten gegenüber, die in überschwänglichster und zudringlichster Weise Propaganda für Wagner machen und wenn man dergleichen ablehnt mit Feuer und Schwert vorgehen, an das Wort Mephisto's beim Nahen des Baccalaureus:

> „Doch diesmal ist er von den Neusten,
> Er wird sich gränzenlos erdreusten"

und versuchen wir für unser Theil in möglichst leidenschaftsloser Weise das Facit der Bayreuther Bühnenfestspiele zu ziehen. Wir werden uns demgemäß zunächst fragen müssen: Hat Wagner wirklich mit dem Ring des Nibelungen einen neuen und lebensfähigen musikalisch-dramatischen Styl geschaffen und sind Gluck, Mozart, Beethoven und Weber durch denselben für die natio-

4*

nale Oper antiquirt oder doch für das Schaffen unserer
Neueren überwundene Standpunkte?

Unsere Antwort hierauf ist ein unbedingtes Nein.
Wagner's Sprechmusik nähert sich als Musikdrama zu
sehr dem recitirenden Drama und wiederum als Drama
zu sehr der Oper, als daß daraus eine reine Gattung
und ein reiner Styl, die allein in jeglicher Kunst auf die
Länge bestehen können, hervorzugehen vermöchten. Wir
haben es im Gegentheil im Ringe des Nibelungen mit
einer Zwittergattung zu thun, bei der wir weder in dem,
was uns die Tonkunst, noch in dem, was uns die Poesie
bietet, daher auch weder als Musiker, noch als Dichter
(je nachdem wir zu den einen oder den anderen gehören)
zu einer vollen Befriedigung gelangen, während uns
diese Befriedigung doch in Drama und Oper, wo diese
in ihrer Besonderheit auftreten, gleichviel zu welcher
Kunst oder zu welchem Berufe wir uns bekennen, reich-
lich zu Theil wird.

Die Kunst kommt vom Können und beginnt überhaupt erst an dem Punkte, wo sich das Chaotische,
Formlose und Unbegrenzte zu schönen Formen umbildet,
gliedert und verdichtet. Wagner's Kunstwerk der Zukunft
aber löst nicht nur — wenigstens in der Musik, die es
enthält — alle Kunstform auf, sondern bedarf zu seiner
Hervorbringung auch (wenn wir vom genialen und
großen musikalischen Coloristen absehen) so wenig eines
besonderen Erlernens und Könnens, daß die Anhänger
der Schule Wagner, wenn sie in der Weise ihres Ab-
gottes zu instrumentiren vermöchten und diesem überdies
an Energie und natürlichem Talent nur entfernt glichen,

nicht viel mehr zu wissen brauchten, als wie man das
Orchester behandelt und gewisse theatralisch=musikalische
Effecte ausnützt, um die Meister zu spielen. Daher er=
öffnet denn auch keine andere Richtung dem musikalischen
Dilettantismus in gleicher Weise Thür und Thor, als
dies durch Wagner und die Seinen geschieht, und zwar
ebensowohl unter den Fachgenossen wie im großen
Publikum.* Dazu kommt nun noch der in der Partei
verbreitete falsche Begriff (dessen Haltlosigkeit uns jede
andere Kunst, außer der Musik, sofort erkennen läßt), daß

---

*) Es ist in dieser Beziehung nicht zu übersehen, daß sich im
Publikum unter den enragirten Wagnerianern, neben einer Min=
derheit wirklich musikalischer Dilettanten, eine Mehrheit solcher
Personen befindet, denen Musik eigentlich ein ganz fremdes Ge=
biet ist und die, auch schon ehe sie zu Parteigängern wurden, in
ihren Kreisen als von Grund aus unmusikalische Naturen bekannt
gewesen. In Bayreuth war gerade der Austausch der Erfahrun=
gen, die in dieser Hinsicht einer ganzen Reihe von Fachgenossen
vorlagen, höchst lehrreich. Eine solche Erscheinung aber hängt
meiner Ansicht nach damit zusammen, daß die Menge für nichts
so empfänglich ist, als für eine imponirend in die Augen sprin=
gende und ihr darum als Stärke erscheinende Einseitigkeit. Für
eine solche Behauptung sind in der Gegenwart auch noch andere
Kunstgebiete als das der Musik beweisend. Denn wie der ge=
feierte M a k a r t, seinen Farben gegenüber, Zeichnung und Eurhyth=
mie für nebensächlich erachtet, und wie die Aufsehen erregen=
den Darstellungen classischer Dramen durch die Meininger Truppe
als bloße Ausstattungsstücke mit untergelegtem Texte von Shake=
speare und Schiller, daher auch als der Wagnerianismus in der
Schauspielkunst bezeichnet werden müssen, weil sie, wie dieser, eine
einzige Seite der Kunst auf Kosten aller übrigen entwickeln, so
sind auch Wagner's Musikdramen nur musikalisch=coloristische Pracht=
stücke, während alle übrigen elementaren Grundbedingungen, aus
denen die Tonkunst hervorgegangen ist, vor dieser blendenden Ein=
seitigkeit zurücktreten müssen.

Kunstformen nichts als veraltete Traditionen und Scha=
blonen seien. Solche Meinungen wurzeln um so fester,
da es, mit wenigen Ausnahmen, dem Gros der Partei
an allem historischen und ästhetischen Wissen gebricht
und der Wagnerianer gewöhnlichen Schlages daher gar
keinen Begriff davon hat, daß die schöne Form in der
Kunst eins ist mit der schönen Seele — mit anderen
Worten, daß auch in der Musik Form und Inhalt ein=
ander decken, ja identisch sein müssen, wenn wir es mit
dem Unvergänglichen darin zu thun haben sollen, woraus
dann weiterhin hervorgeht, daß sich beide auch in der
Geschichte als ein Untrennbares und mit gleicher orga=
nischen Nothwendigkeit Entstehendes entwickeln und bis
zu jenem Punkte reinster Kunstblüthe steigern mußten,
auf dem wir sie bei unseren Classikern erblicken. Wie
nun aber Jemand hausbackene oder geistlose musikalische
Gedanken haben kann, mögen dieselben Melodien, The=
men, Leitmotive oder wie sie sonst wollen heißen, so
kann er auch die Kunstformen trocken und geistlos be=
handeln und hierdurch allerdings endlich zur Schablone
herabwürdigen. Aber ist dies denn in der Poesie und
in den bildenden Künsten anders? Und würde es darum
einem Maler, Bildhauer oder Dichter einfallen, die Kunst=
form für abgethan zu erklären? Der Musik vollends
muß die classische Form, die sich nach ewigen Geistes=
gesetzen von Generation zu Generation im Laufe der
Zeiten weiterbildete, das ihr gänzlich mangelnde Vorbild
in der Natur ersetzen, welches den Maler und Bild=
hauer, da es ihm stets vor Augen steht, vor allzugroßen
Verirrungen bewahrt und als Correctiv dient. Will man

daher der Musik auch diesen, in den Kunstformen ihr
gegebenen einzigen Halt rauben, und strebt man dahin,
ihr jene ganz ideellen, aus Phantasie und Gemüth ge-
borenen und nach a priori uns eingeborenen Schönheits-
normen entwickelten Gebilde zu zerstören, die der Ge-
winn und die gemeinsame Culturarbeit aller Völker seit
dem Beginn der christlichen Zeitrechnung gewesen, so löst
man sie als Kunst eben auf und wir können wieder in
den Wald zurückgehen, um da anzufangen, wo unsere
Urväter vor Jahrhunderten begonnen.*

---

*) Wie sehr täuscht man sich daher, wenn man, neben
anderen musikalischen Kunstformen, ganz besonders auch die
Arie lästert und veraltet schilt. Die hergebrachte Schablone freilich, die unter den italienischen Meistern des 18. Jahrhunderts
diesen Namen trug, hat ihren Untergang verdient. Wie aber sieht
es mit den Arien der deutschen, italienischen und französischen
Classiker aus? — Gleicht die Arie eines solchen, in ihrer mehr
oder minder sich in sich abschließenden Kunstform und in ihren
sich an innerer Bewegung immer steigernden Wiederholungen
desselben Themas, nicht vielmehr jenem einen, in bedeutenden Le-
bensmomenten alles übrige Denken und Empfinden zurückdrän-
genden und uns entweder beseligenden oder tödtenden Gedanken,
vor dem das, was der Tag und der Fortgang des Daseins sonst noch
erzeugt, auslöscht und verschwindet, und der eben darum auch
dann noch in uns fortklingt und fortlebt, wenn alles Andere längst
verblichen und dahin ist? Und hatte die Musik dem gegenüber
nicht die Aufgabe zu lösen, ein solches Verweilen der Seele bei
einer einzigen, unser ganzes Sein absorbirenden Empfindung
ihrerseits durch ein Verweilen bei einem, in einem bestimmt ab-
gegrenzten Kreise sich bewegenden Thema zu versinnbildlichen?
Hätte die dramatische Tonkunst, indem sie nach dem Ausdruck
eines solchen Seelenzustandes rang, nicht die Arie aus sich geboren, so wäre sie eben unwahr und darum undramatisch geblieben!

Wenden wir daher getrost unsere Blicke den Meister=
werken der Heroen unter unseren deutschen Tondichtern
wieder zu, die weder einer Umgehung, noch einer Um=
schreibung der für alle Künste in gleicher Weise existi=
renden Gesetze bedürfen um zu gelten, sondern die strengste
Prüfung in dieser Beziehung nach jeder Richtung aus=
halten. Wir werden zwar auch dann noch zugeben
müssen, daß Wagner eine nicht zu unterschätzende ne=
gative Bedeutung besitzt und in der Kunstgeschichte be=
halten wird, die er daburch erlangte, daß er dem vor
einem Vierteljahrhundert in der Oper eingerissenen
Schlendrian entgegentrat, und daß ihm überdies auch
eine höchst positive Bedeutung, als dem hervorragend=
sten Talente der Gegenwart, nicht abzusprechen ist; zu=
gleich aber werden wir inne werden, daß der von ihm
gepredigte neue Styl und das von ihm gewollte Musik=
drama nichts weiter sind, als die großartigsten Ver=
irrungen eines auf seiner letzten Höhe ange=
langten musikalischen Subjectivismus. Ein neuer
Styl ist nicht ohne eine neue Kunstform denkbar, ja er
ist nur die Consequenz oder der Ausfluß jener, wirkt
nur, wenn sie ihn durchbringt, gliedert und übersichtlich
werden läßt, während er, wo sie mangelt, eine innere
Unwahrheit bleibt und in jener Weise auf die Länge er=
müdet, wie wir dies während der vier Abende in Bay=
reuth (abgesehen von einzelnen erquicklichen Oasen, in
denen die verschmähte Kunstform wieder anklang) an
uns und Anderen erlebten. Vor allem wird ein solcher
Pseudostyl niemals volksthümlich oder national werden,
denn das Volk fordert Einfachheit und Uebersichtlichkeit,

und zwar zunächst deutlich umrissene Gestalten, wie sie
uns in der Musik nur die Melodie und die aus ihr her=
vorgehende Kunstform zu geben vermag. Wie sehr aber
mit Beiden im Bunde das musikalische Drama zu seiner
gesteigertsten Entwickelung zu gelangeu vermag, haben
uns gerade Gluck, Mozart, Beethoven, Cherubini
und Weber gezeigt, und es ist darum nicht rathsam,
über das, was in dieser Beziehung in Iphigenie auf
Tauris, Don Juan, Fidelio, Wasserträger und Freischütz
geleistet worden, noch hinauszugehen. Gerade der in
diesen Meisterwerken vorhandene Wechsel von Solis und
Ensembles, von geschlossenen Kunstformen und frei sich
ergehenden Recitativen, von Chören und jenen gewaltigen
Finales, in denen sich alle diese verschiedenen Elemente
wieder in einem Punkte begegnen, ist echt dramatisch,
weil er mannigfaltig, unerschöpflich und reich ist, wie
das Leben selber, dem das Drama den Spiegel vor=
halten soll, und uns vor der Langeweile, dieser schlimm=
sten Begleiterin eines Kunstwerkes, bewahrt. Den an=
geführten Musikdramen der Heroen des musikalisch=dra=
matischen Styls gegenüber ist aber der Ring des Nibe=
lungen ein Rückschritt in jene Zeiten, da man in Florenz
die Tragödie der Alten, mit Hülfe einer, dem neuesten
Styl Wagner's höchst verwandten und in dessen Weise
ganz monodischen und rhetorischen Musik wieder auf=
leben lassen wollte. Wenn nun Wagner trotzdem in un=
erhörter Selbstüberschätzung proclamirt, daß erst mit den
Bayreuther Festspielen eine wahrhaft nationale Kunst
für uns Deutsche beginne, so sind wir es unserem Vater=
lande ebensowohl, wie dem Auslande schuldig, feierlich

zu betonen, daß wir wenigstens in der Musik keine an=
dere nationale Kunst begehren, als diejenige, die wir, da
wo es sich um das Genie handelt, einem Bach, Händel,
Gluck, Haydn, Mozart und Beethoven, und unter den
großen Talenten einem Schubert, Weber, Mendelssohn
und Schumann verdanken, und daß die nationale Be=
deutung Deutschlands in der Tonkunst unserer Meinung
nach im Großen und Ganzen selbst dann keine allzu=
empfindliche Einbuße erleiden würde, wenn der Name
Wagner auf der Liste der von uns angeführten Meister
fehlte, wenn auch zugegeben werden muß, daß diese dann
um einen höchst eigenartigen Charakterkopf ärmer sein
würde.

Hoffen wir daher, daß bald ein Siegfried der Ton=
kunst komme, der uns vom Kunstwerk der Zukunft er=
löse, das sich zwar als ein geistreicher, culturgeschichtlich
bedeutsamer und denkwürdiger Versuch, im Uebrigen aber
als ein Zwitterwesen und darum als ein Unding er=
wiesen. Welcher Partei der ersehnte Held auch angehöre,
wir werden ihn mit Jubel begrüßen, da uns selbst Wag=
ner, wenn er sich aus einem Saulus in einen Paulus
zu verwandeln vermöchte, bei seinem, alle lebenden Fach=
genossen überstrahlenden Talente, willkommen sein würde.
Aber darauf ist, wenn wir der Hartnäckigkeit, mit der
er sich in eine Sackgasse der Kunst verrannt hat, gedenken,
nicht zu hoffen. Hat doch derselbe Mann vor kurzem erst
gesagt, wir Deutschen hätten bis jetzt in der Musik nur
im Dienste fremder Formen gestanden. Nun wären wir
freilich begierig zu erfahren, inwiefern eine solche Behaup=
tung bei Sebastian Bach, Gluck und Beethoven zutrifft;

und wenn es auch relativ wahr ist, daß Händel, Haydn und Mozart anfänglich auf romanischen Formen fußten, so bildeten sie dieselben doch zu so neuen und herrlichen Schöpfungen um, daß sie hierdurch wieder zu unserem nationalen Eigenthum wurden. Auch suchten wir Deut= schen niemals einen besonderen Ruhm darin, das Große, das im Auslande geboren, zu unterschätzen, oder in Scham zu vergehen, weil wir unseren Nachbaren Vieles verdanken. Wie aber dieser freie, vorurtheilslose Blick zu den schön= sten Zügen im Charakter unseres Volkes gehört, so dürfen wir uns andererseits auch sagen, daß wir die uns von den Romanen überkommene Erbschaft nicht, wie der faule Knecht im Evangelium, vergruben, sondern durch eigene Kraft verdoppelten und verdreifachten. Wahren wir uns daher den unter heißen Mühen und Kämpfen erstrittenen köstlichen Besitz vor leichtsinniger Verschleuderung; denn könnten Wagner's Anschauungen von den Aufgaben der Musik die Nation ergreifen, so würden wir bald auch eine Götterdämmerung in der Tonkunst erleben. Dies zu verhüten ist daher die Pflicht aller Derer, denen unsere großen Meister noch am Herzen liegen und die mit Albrecht Dürer der Ueberzeugung leben: „Gar leichtig= lich verlieren sich die Künste, aber schwerlich und durch lange Zeit werden sie wieder erfunden".

Druck von Metzger & Wittig in Leipzig.